Dienst am Wort

Die Reihe für Gottesdienst und Gemeindearbeit

111

Soll ich meines Bruders Hüter sein?

Vandenhoeck & Ruprecht

Soll ich meines Bruders Hüter sein?

Biblische Geschwistergeschichten für Gemeinde und Schule

Von Matthias Günther
Mit einem Beitrag von Kathrin Osterhagen

Mit 8 Abbildungen

Vandenhoeck & Ruprecht

Bibliografische Information der Deutschen Nationalbibliothek

Die Deutsche Nationalbibliothek verzeichnet diese Publikation in der
Deutschen Nationalbibliografie; detaillierte bibliografische Daten sind
im Internet über <http://dnb.d-nb.de> abrufbar.

ISBN 978-3-525-59519-0

Umschlagabbildung:
Kämpfende Formen (Abstrakte Formen I),
1914, Franz Marc.

INHALT

I. Einleitung

„Wir sind Brüder."

Abram zu Lot (Gen 13,8)

Abram sagt, was Kain nicht sagen kann. Oder anders: Abram hat die Antwort auf Kains Frage „Soll ich meines Bruders Hüter sein?" (Gen 4,9). Weil über ihm die Verheißung ist: „In dir sollen gesegnet werden alle Geschlechter der Erde" (Gen 12,3).

Die Geschwister, deren Geschichten die Bibel erzählt, lassen nur selten etwas von Geschwisterlichkeit ahnen: da wird erschlagen, betrogen und gelogen, da gönnt einer dem anderen kein freundliches Wort, ja nicht einmal den Namen – und manchmal versöhnen sie sich dann doch wieder. Was unterscheidet sie von den Geschwistern, deren Geschichten nie erzählt worden sind und auch in Zukunft nicht erzählt werden? Nichts. Dass der Segen über ihnen schwebt (und nicht Kains Frage), merken sie in den Holy Moments, und die sind rar – bei den einen wie bei den anderen.

Biblische Geschwistergeschichten sind spannend. In der Schule und in der Gemeinde, auch zu Hause, erinnern sie an nicht weniger als an das eigene Leben (und wer mag, den erinnern sie auch daran, dass es ein gesegnetes Leben ist). Geschwistergeschichten können im Gottesdienst zum Umschlagplatz der Erkenntnis werden, im Bibelgespräch zum Perspektivenwechsel, im Unterricht zur Übung in Kooperation: es geht auch anders, als dass immer einer gewinnt, einer verliert.

Diese Handreichung für die Praxis will nur eines: anregen – über biblische Geschwistergeschichten zu predigen, ins Gespräch zu kommen, sie zu lehren und zu lernen.

Information hilft dabei. Der Band beginnt mit Überlegungen, die den Hintergrund bilden. Wer es eilig hat, zur Praxis zu kommen, mag sie Hintergrund bleiben lassen. Kapitel II („Biblische Geschwistergeschichten in psychologischer Perspektive") fragt nach Deutungsangeboten für die Geschwisterrivalität (nicht nur) in den biblischen Geschichten; Kapitel III („Biblische Geschwistergeschichten in religions- und gemeindepädagogischer Perspektive") soll ermutigen, Kindern und Jugendlichen einen Raum der Begegnung mit den biblischen Geschwistern zu öffnen. Die Beispiele (Kapitel IV), im Vordergrund, stehen für diejenigen Geschwisterkonstellationen, die noch immer in der Mehrzahl sind: zwei Kinder und mehr als zwei Kinder. Dabei richtet sich der Blick auf Kain als das ältere Kind (Gen 4,1–16), auf Jakob als das jüngere Kind (Gen 25,19–34; 27,1–45) und auf Joseph als das jüngste Kind (Gen 37,1–11; 50,15–21). Neutestamentliche Geschwistergeschichten (Die Parabel vom verlorenen Sohn und der Besuch Jesu bei Maria und Marta) kommen dazu. Die Abschnitte in Kapitel IV sind gleich aufgebaut:

- Theologische Erschließung
  (die wichtigsten Informationen)
- Psychologische Deutungsangebote
- Impulse für die Praxis

Auch diese Abschnitte sind gleich aufgebaut (und können so für eine Predigt-, Gesprächs- oder Unterrichtsreihe miteinander verbunden werden):

- Gottesdienst (zwei Predigten werden gegenüber gestellt, Gebete zu den Geschwistergeschichten schließen den Abschnitt ab)
- Bibelgespräch (allerlei Fragen zu Deutungen von Dichtern und Denkern, immer auch zur innerbiblischen Wirkungsgeschichte)
- Unterricht (mit zahlreichen methodischen Angeboten)

Die Impulse können frei miteinander kombiniert werden: Was z.B. im Bibelgespräch interessant ist, kann ebenso für die Predigtvorbereitung oder für den Unterricht interessant sein; ein Predigtvergleich kann zum ertragreichen Bibelgespräch werden; Unterrichtsergebnisse können (sollten!) im Gottesdienst vorgestellt werden.

Auch die Abbildungen in diesem Band sollen zu einer vertieften Auseinandersetzung mit den biblischen Geschwistergeschichten anregen. Am Schluss (Kapitel V: „Die Geschwisterbilder") finden sich Informationen zu den Künstlern und ihren Werken.

Zwei Hinweise:

▶ Am Ende eines jeden Abschnitts wird die verwendete Literatur genannt, darüber hinaus werden gelegentlich Literaturangaben gegeben, die zum weiteren Studium einladen.

▶ Die Bibeltexte werden nach der Lutherübersetzung in der revidierten Fassung von 1984 (©1985 Deutsche Bibelgesellschaft Stuttgart) zitiert. Korrekturen sind in eckigen Klammern jeweils nachgestellt; die Rechtschreibung wurde bearbeitet; statt „HERR" steht „Jahwe".

Der vorliegende Band geht zurück auf das Seminar „Geschwistergeschichten in der hebräischen Bibel" am Institut für Theologie der Leibniz-Universität Hannover im Wintersemester 2004/2005. Allen Teilnehmerinnen und Teilnehmern gilt mein Dank für ihre Ideen und Diskussionsbeiträge.

Kathrin Osterhagen M.A. hat für das Kunsthistorische gesorgt und Kapitel V verfasst, dafür mein herzlicher Dank.

Meiner Mutter Rosemarie Günther widme ich diesen Band zu ihrem Geburtstag am 19. August 2006.

Wunstorf, im August 2006   *Matthias Günther*

II. BIBLISCHE GESCHWISTERGESCHICHTEN IN PSYCHOLOGISCHER PERSPEKTIVE

„Warum soll ich meinen Nächsten lieben?" – für den Individualpsychologen *Alfred Adler* (1870–1937) wird Kains Frage „Soll ich meines Bruders Hüter sein?" zur „Kainsformel", die über nicht weniger entscheidet als über den „Sinn des Lebens" (so der Titel seines 1933 erschienenen Spätwerks; dort: S. 168.172).

Adlers Arbeiten zur Geschwisterkonstellation in der Familie (seit 1918) prägten bis in die 80er Jahre des 20. Jahrhunderts das psychologische Interesse an strukturellen Merkmalen wie Geschwisteranzahl, Altersabstand, Geschlecht und Position in der Geschwisterreihe. *Adler* sieht seine Theorie zur Geschwisterrivalität in den biblischen Geschwistergeschichten bestätigt: die Entthronung des älteren Kindes durch das jüngere, der Wettkampf des jüngeren mit dem älteren, das Training des jüngsten, um die anderen zu übertreffen – aus der Geschwisterkonstellation könne auf die individuelle Entwicklung geschlossen werden. Doch *Adler* wird leicht missverstanden: Die Geschwisterkonstellation ist in der Individualpsychologie keine statische Größe, vielmehr ist der psychodynamische Aspekt entscheidend: Welche Bedeutung kommt in einer bestimmten Familie den Geschwistern zu und wie erleben sie sich selbst? „Soll ich meines Bruders Hüter sein?" ist nicht die Frage jedes älteren Kindes, sondern dieses einen, der zum Spielball einer fehlgeleiteten Zielrichtung nach Überlegenheit über den anderen geworden ist. Und gerade deshalb kann sie zur „Kainsformel" werden: „Warum soll ich meinen Nächsten lieben?"

Um *Adler* nicht misszuverstehen, sollte deutlich sein, vor welchem Hintergrund er seine Theorie zur Geschwister-rivalität und damit seine Deutungsangebote zu den bibli-schen Geschwistergeschichten entworfen hat. Kurz: Welches Menschenbild hat *Adler*?

Adlers Vortragssammlung „Menschenkenntnis", 1927 erschienen, ist geeignet, das Menschenbild des Individual-psychologen zu beschreiben. Zum einen führt die Arbeit dasjenige Programm aus, das *Adler* als das entscheidende individualpsychologischer Forschung bestimmt hat. *Adler* formuliert im Vorwort zu „Menschenkenntnis":

„Dieses Buch versucht dem breitesten Leserkreis die unerschütter-lichen Grundlagen der Individualpsychologie und ihren Wert für die Menschenkenntnis, zugleich auch ihre Bedeutung für den Umgang mit Menschen und für die Organisation des eigenen Lebens zu zeigen" (S. 17).

Zum anderen bietet die Arbeit, indem sie eine Zusammen-stellung von 1926 im Wiener Volksheim gehaltenen und mitstenographierten Einführungsvorträgen in die indivi-dualpsychologische Sicht des „Seelenlebens" ist, einen voll-ständigen Überblick über die frühe *Adlersche* Sicht: Sie beginnt mit einem allgemeinen Teil (S. 19–145) zunächst zu den Einzelthemen „Die Seele des Menschen" (Kapitel 1: S. 29–36) und „Die soziale Beschaffenheit des Seelenle-bens" (Kapitel 2: S. 36–42). Letzteres Thema wird sodann in sechs weiteren Kapiteln aufgefächert: „Kind und Gesell-schaft" (Kapitel 3: S. 42–51), „Eindrücke der Außenwelt" (Kapitel 4: S. 51–70), „Minderwertigkeitsgefühl und Gel-tungsstreben" (Kapitel 5: S. 72–89), „Die Vorbereitung auf das Leben" (Kapitel 6: S. 89–113), „Das Verhältnis der Geschlechter" (Kapitel 7: S. 113–138) und „Geschwister" (Kapitel 8: S. 138–145).

Das Menschenbild *Adlers* zeigt vier Aspekte, die, untrennbar miteinander zusammenhängend, den Lebens-stil kennzeichnen.

– Der holistische (das Ganze betreffende) Aspekt.

Adler schreibt:

> „[E]s erwies sich nun als besonders wichtig, daß man *Einzel-erscheinungen im Seelenleben nie als ein für sich abgeschlossenes Ganzes betrachten* dürfe, sondern nur dann für sie Verständnis gewinnen konnte, wenn man alle Erscheinungen eines Seelenlebens als Teile eines untrennbaren Ganzen versteht und sodann versucht, die Bewegungslinie, die Lebensschablone, den Lebensstil eines Menschen aufzudecken und sich klar zu machen, daß das geheime Ziel der kindlichen Handlung mit dem der Haltung eines Menschen in späteren Jahren identisch ist" (S. 21).

Der Mensch ist nach *Adler* als Individuum ein unteilbares Ganzes, das alle Formen menschlichen Seins umfasst: Der Lebensstil verfüge über alle Ausdrucksformen, das Ganze über die Teile. Nicht eine einzelne Äußerung des Individuums lasse eine Folgerung auf das Ganze zu, sondern nur, indem durch das Vergleichen von (möglicherweise auch widersprüchlichen) Äußerungen das ihnen Gemeinsame (Grundlage, Ziel oder Wirkung) ermittelt wird, könne der Lebensstil erfasst werden.

In individualpsychologischer Perspektive ist das Individuum immer zugleich als intrapsychische und als interpsychische Einheit anzusehen:

> „*Wir können uns ein Seelenleben, das isoliert ist, nicht vorstellen,* sondern nur ein Seelenleben, das mit allem, von dem es umgeben ist, verknüpft ist, das Anregungen von außen aufnimmt und irgendwie beantwortet, das über Möglichkeiten und Kräfte verfügt, die nötig sind, um den Organismus gegenüber der Umwelt oder im Bunde mit ihr zu sichern und sein Leben zu gewährleisten" (S. 30).

Der intra- und interpsychischen Einheit des Individuums entspreche eine einheitliche Dynamik desselben. Sie biete den Schlüssel, das Gemeinsame individueller Äußerungen bestimmen zu können.

– Der teleologische Aspekt
(die Ausrichtung auf ein Ziel hin).

„Kein Mensch kann denken, fühlen, wollen, sogar träumen, ohne
daß dies alles bestimmt, bedingt, eingeschränkt, gerichtet wäre
durch ein ihm vorschwebendes Ziel. Dies ergibt sich fast von
selbst im Zusammenhang mit den Forderungen des Organismus
und der Außenwelt und mit der Antwort, die der Organismus
darauf zu geben genötigt ist" (S. 31).

In *Adlers* Perspektive sind Äußerungen des Individuums
somit nicht in ihrer Zuständlichkeit, sondern in ihrer
Bewegung auf ein Ziel hin zu betrachten. Ein Beispiel:
Offensichtlich erfolglose Versuche, eine Aufgabe zu lösen,
könne ein Individuum dennoch weiter unternehmen,
wenn die Versuche einer Handlungsstrategie, einer
„privaten Logik", in Richtung auf ein selbst gesetztes,
zumeist undurchschautes Ziel entsprechen. Nur vom
Ziel her sei die Beibehaltung des Problemlösungsverhal-
tens dann verstehbar, d.h., die entscheidende Frage laute
nicht: Woher?, sondern Wohin?; nicht Warum?, sondern
Wozu? Im Wohin stecke die Veranlassung. Anders
gesagt: „Wenn zwei dasselbe tun, ist es nicht dasselbe;
wenn aber zwei nicht dasselbe tun, so kann es doch dasselbe sein" (S. 82).
  Das Ziel, so *Adler*, diene stets der Anpassung und
Sicherung für die Zukunft (S. 35). Das Minderwertigkeitsgefühl angesichts einer Mangellage könne dabei die
treibende Kraft sein. Stelle es den eigenen Selbstwert
stark in Frage, ohne dass das Gemeinschaftsgefühl die
Infragestellung auszugleichen vermag, so lenke ein fiktives
Ziel der Selbstwerterhaltung die Bewegung. Lösungsver-
suche täuschen dann die der Aufgabe entsprechende,
sachgemäße Überwindung nur vor („der Wille zum
Schein"), sie entsprechen der Strategie der Selbstwerterhaltung und zielen allein darauf ab, die Person des Handelnden hervorzuheben. *Adler* nimmt für die Ausbildung des Ziels und der Bewegung, somit des Lebensstils,
wesentlich die „schöpferische Kraft der Seele" (S. 55) an.

- Der aufklärerische Aspekt
  (die „schöpferische Kraft der Seele").

Mit der Annahme der „schöpferischen Kraft der Seele"
widerspricht *Adler der Freudschen* Auffassung, die Entwicklung der Persönlichkeit sei bestimmt durch Einwirkungen wie Triebregungen, Wahrnehmungen und
Erinnerungen. Nach *Adler* sind nicht die Einwirkungen,
sondern der schöpferische Umgang mit ihnen entscheidend für die Dynamik der Persönlichkeit. So seien Ver-
erbung und vorhandene Ausprägungen menschlicher
Kultur nur die „Bausteine", mit denen das Kind in
schöpferischem Umgang seinen Lebensstil, sein Ziel und
seine Bewegungslinie, entwerfe. Ein Beispiel:

> „Ein Kind, das sich zum ersten Mal vom Boden erhebt, kommt
> in diesem Augenblick in eine ganz neue Welt, es empfindet eine
> feindliche Atmosphäre. Es kann in der Kraft, mit der es sich
> auf die Füße stellt, eine verstärkte Hoffnung für seine Zukunft
> empfinden, bei seinen ersten Bewegungsschritten, besonders
> beim Gehenlernen, verschieden große oder gar keine Schwierig-
> keiten haben. Solche Eindrücke, Ereignisse, die uns Erwachsenen
> oft als unbedeutende Kleinigkeiten erscheinen, nehmen einen
> ungeheuren Einfluß auf das kindliche Seelenleben und damit vor
> allem auf die Entstehung seines Weltbildes" (S. 51f).

Als solche „Bausteine" können sie für die Entwicklung
des Kindes sowohl erleichternd als auch erschwerend
sein. Sie sind nach *Adler* erschwerend insbesondere bei
einer „Mangelhaftigkeit der Kultur" und bei „Mängeln
körperlicher Organe" (S. 45; die Organminderwertig-
keit):

> „Die Schwierigkeiten, mit denen das Kind in der Entwicklung
> seines Seelenlebens zu kämpfen hat und die fast regelmäßig zur
> Folge haben, daß es sein Gemeinschaftsgefühl nur äußerst man-
> gelhaft entwickeln kann, können wir einteilen in solche, die aus
> der Mangelhaftigkeit der Kultur stammen und sich in der ökono-
> mischen Situation der Familie und des Kindes äußern werden.
> Ferner in solche, die sich aus Mängeln körperlicher Organe erge-
> ben. Einer Welt gegenüber, die eigentlich nur für vollwertige

Organe geschaffen ist und wo alle Kultur, die das Kind umgibt, mit der Kraft der Gesundheit vollwertiger Organe rechnet, haben wir dann ein Kind, das hinsichtlich wichtiger Organe mit Fehlern behaftet ist und infolgedessen den Anforderungen des Lebens nicht recht nachkommen kann" (ebd.).

Die drei beschriebenen Aspekte implizieren jeweils den vierten:

– Der sozialpsychologische Aspekt
  (das menschliche Zusammenleben).

„Das menschliche Seelenleben ist nicht imstande frei zu schalten, sondern steht ständig vor Aufgaben, die sich von irgendwoher eingestellt haben. Alle diese Aufgaben sind untrennbar verbunden mit der *Logik des menschlichen Zusammenlebens,* eine jener Hauptbedingungen, die ununterbrochen auf das einzelne Individuum einwirken und sich seinem Einfluß nur bis zu einem gewissen Grade unterwerfen lassen" (S. 37).

Adler spricht von der „soziale[n] Beschaffenheit des Seelenlebens" (S. 36), vom „Zwang zur Gemeinschaft" (S. 38). Der Lebensstil des Individuums bilde sich im Umgang mit den Eindrücken der Außenwelt und konkretisiere sich im Verhalten zu den jeweiligen Anforderungen, nach *Adler* den „drei Hauptaufgaben des Lebens (Liebe, Beruf und Gesellschaft)" (S. 113). Probleme des Menschen haben ihren Grund und ihre Lösung immer im Sozialen. Mit der Charakterisierung des Menschen als einem zur Gemeinschaft gezwungenen negiert *Adler* zwar nicht grundsätzlich einen Konflikt zwischen individuellem Leben und gesellschaftlichen Anforderungen, sondern die Unbedingtheit dieses Konfliktes, aber doch jede Möglichkeit eines schadlosen individuellen Lebens unter Absehung von der Gemeinschaft.

Gerade die beiden zuletzt dargestellten Aspekte, die Annahmen der schöpferischen Kraft des Individuums und der sozialen Beschaffenheit des Seelenlebens zeigen, dass

Adler von einer nie gestörten einheitlichen (der holistische Aspekt) und zielgerichteten (der teleologische Aspekt) Dynamik des Individuums ausgeht. Der Lebensstil (das Wohin) bestimmt die Antworten auf alle sich dem Individuum stellenden Fragen und dessen Verhalten.

Wie stellt sich nun in der *Adlerschen* Psychologie die einheitliche Dynamik dar? Wie kann sich der Lebensstil konkretisieren?

Dem „Zwang zur Gemeinschaft" entspricht nach *Adler* ein „angeborenes Gemeinschaftsgefühl" (S. 50). Dem Individuum eigne grundsätzlich sowohl das Gemeinschaftsgefühl als Bezogenheit auf die soziale Umwelt als auch das Minderwertigkeitsgefühl als Bezogenheit auf die Überwindung von Mangellagen.

„Was sich in der Seele des Kindes entwickelt, wird immer mehr von den Beziehungen der Gesellschaft zum Kinde durchdrungen, es kommt zu den ersten Anzeichen des angeborenen Gemeinschaftsgefühls, zum Aufblühen organisch bedingter Zärtlichkeitsregungen, die so weit gehen, daß das Kind die Nähe der Erwachsenen sucht" (ebd.).

Die Entwicklung dieses angeborenen Gemeinschaftsgefühls hänge wesentlich vom Maß des dem Kind begegnenden Gemeinschaftsgefühls seiner unmittelbaren sozialen Umwelt, d.h. in erster Linie der Mutter, ab und entscheide darüber, in welcher Weise das gleichfalls angeborene Minderwertigkeitsgefühl zur Wirkung kommt:

„Bedenkt man, daß eigentlich jedes Kind dem Leben gegenüber minderwertig ist und ohne ein erhebliches Maß von Gemeinschaftsgefühl der ihm nahestehenden Menschen gar nicht bestehen könnte, faßt man die Kleinheit und Unbeholfenheit des Kindes ins Auge, die so lange anhält und ihm den Eindruck vermittelt, dem Leben nur schwer gewachsen zu sein, dann muß man annehmen, daß am Beginn jedes seelischen Lebens ein mehr oder weniger tiefes *Minderwertigkeitsgefühl* steht" (S. 71).

Die Überwindung der kindlichen Mangellagen erfordere demnach zunächst die Bezogenheit von Mutter und Kind aufeinander. Freilich dürfe diese nicht lange exklusiven Charakter haben, sondern müsse sich als Bezogenheit auch auf andere entfalten können. In dieser Bezogenheit auf das unmittelbare soziale Umfeld, dem Gemeinschaftsgefühl, das den Wert des Kindes sichert (= es ermutigt), könne es seiner Bezogenheit auf die Überwindung der Mangellagen, dem Minderwertigkeitsgefühl, das den Wert in Frage stellt, sachgemäß entsprechen. Zugleich reguliere das Gemeinschaftsgefühl (die Sicherheit des Selbstwertes) den Grad des Minderwertigkeitsgefühls (der Infragestellung des Selbstwertes) und verhindere Werterhaltungsstrategien, die einen unsachgemäßen Versuch der Überwindung von Mangellagen darstellen. Sobald das Gemeinschaftsgefühl die das Minderwertigkeitsgefühl ausgleichende Funktion nicht erfüllen kann, so dass das Kind entmutigt wird, werde aus dem Streben nach Überwindung ein (unterschiedlich ausgeprägtes) Streben nach Überlegenheit, aus der Bezogenheit auf die soziale Umwelt der Versuch, über diese Macht auszuüben. Daher kann *Adler* zusammenfassen: „Wir können kein Kind, keinen Erwachsenen beurteilen, wenn wir nicht einen Vergleich ziehen zwischen dem in ihm vorhandenen Gemeinschaftsgefühl und dem Beitrag seines Strebens nach Macht und Überlegenheit über die anderen" (S. 73).

Adler beschreibt die beiden „Stimmungslagen" (S. 36), die ein Kind grundsätzlich ausbilden kann, daher als optimistische bzw. als pessimistische:

„Die eine Seite zeigt sich als die des Optimismus, das Kind traut sich zu, die ihm erwachsenen Aufgaben auch glatt lösen zu können. Dann wird es in sich jene Charakterzüge entwickeln, die eben zu einem Menschen gehören, der seine Aufgaben für löslich hält. So entwickelt sich Mut, Offenheit, Verlässlichkeit, Fleiß und dgl. Das Gegenteil hiervon sind Züge des Pessimismus. Denkt man sich das Ziel eines Kindes, das sich die Fähigkeit zur Lösung seiner Aufgaben nicht zutraut, dann kann man sich auch vorstellen, wie es in der Seele eines solchen Kindes aussehen mag. Wir finden dort Zaghaftigkeit, Schüchternheit, Verschlossenheit, Mißtrauen und andere Züge, mit denen der Schwache sich zu verteidigen sucht" (ebd.).

Der optimistische, d.h. von Ermutigung geprägte Lebensstil konkretisiere sich in einer Hinwendung zum anderen, ausgehend von der kleinsten Zelle gemeinschaftlichen Lebens und günstigenfalls sich auf die ganze soziale Umwelt (und als fiktives Ziel gar auf die Menschheit) erstreckend (vgl. S. 50).

Der pessimistische, d.h. von Entmutigung geprägte Lebensstil konkretisiere sich in einer Abwendung vom anderen. *Adler* schreibt:

„Ist nun das Minderwertigkeitsgefühl besonders drückend, dann besteht die Gefahr, daß das Kind in seiner Angst, für sein zukünftiges Leben zu kurz zu kommen, sich mit dem bloßen Ausgleich nicht zufrieden gibt und zu weit greift *(Überkompensation)*. Das Streben nach Macht und Überlegenheit wird überspitzt und ins Krankhafte gesteigert. Solchen Kindern werden die gewöhnlichen Beziehungen ihres Lebens nicht genügen. Sie werden, ihrem hochgesteckten Ziel entsprechend, zu großen, auffallenden Bewegungen ausholen. Mit einer besonderen Hast, mit starken Impulsen, die weit über das gewöhnliche Maß hinausgehen, ohne Rücksicht auf ihre Umgebung, suchen sie ihre eigene Position sicherzustellen. Auf diese Weise werden sie auffallend, greifen störend in das Leben anderer ein und nötigen sie naturgemäß, sich zur Wehr zu setzen. Sie sind gegen alle und alle gegen sie. Es muß nicht alles gleich im bösesten Sinne ablaufen. Ein solches Kind kann sich lange Zeit in Bahnen bewegen, die äußerlich normal erscheinen mögen, es kann den Charakterzug, der ihm auf diesem Wege zuerst erwächst, den Ehrgeiz, auf eine Weise betätigen, daß es noch nicht zu einem offenen Konflikt mit anderen gerät. Man wird aber regelmäßig finden, daß die Anstalten, die es trifft, niemand rechte Freude machen, daß sie auch keine wahrhaft nützlichen Wirkungen zeitigen, weil das ein Weg ist, der unserer Kultur unannehmbar erscheint. Denn mit ihrem Ehrgeiz, den sie in der Kindheit durchaus nicht so lenken und betätigen können, daß er fruchtbar wird, sondern den sie gewöhnlich überspitzen, werden sie immer anderen Menschen störend in den Weg treten. Später gesellen sich gewöhnlich noch andere Erscheinungen hinzu, die im Sinne eines sozialen Organismus, wie es die menschliche Gesellschaft sein soll, schon Feindseligkeit bedeuten. Hierher ge-

hören vor allem Eitelkeit, Hochmut und ein Streben nach Über-
wältigung des anderen um jeden Preis, was sich auch so darstellen
kann, daß sie selbst gar nicht mehr höher hinaufstreben, sondern
sich damit begnügen, daß der andere sinkt. Dann kommt es ihnen
nurmehr auf die Distanz an, auf den größeren Unterschied zwischen
ihnen und den anderen" (S. 77).

Zurück zu den Geschwistergeschichten:

Adlers Psychologie der ersten Schaffensphase ist eine
beschreibende, vergleichende Psychologie und damit eine
Positionspsychologie, die zu klären sucht, ob ein Individuum sich „in seiner Erlebniswelt ‚unter‘, ‚zwischen‘ oder
‚über‘ den anderen angesiedelt findet" (*Werner Metzger*, S.
18). Doch das „Unter", das „Zwischen" und das „Über" ist
nicht schon durch die Geschwisterkonstellation unabänderlich festgeschrieben – *Adler:*

„Meine Gepflogenheit, gemäß der Position in der Familie zu klassifi-
zieren, ist einigen Missverständnissen ausgesetzt gewesen. Natürlich
beeinflußt nicht der Rang des Kindes in der Geburtenfolge seinen
Charakter, sondern die Situation, in die es hineingeboren wird"
(1981, S. 110).

Nicht, weil Kain der Ältere ist, erlebt er sich unter Abel und
will über ihn, sondern – im Anschluss an *Adler* – weil er die
Erfahrung seiner Entthronung gemacht hat, ist sein Ziel,
Herr über Abels Lebens zu sein.

Schränkt *Adler* also selbst die Bedeutung der Position
innerhalb der Geschwisterreihe ein, sind in späterer Zeit
doch verschiedene Versuche unternommen worden, zu
belegen, dass sich die Rangfolge in der Geschwisterreihe
auf die psychische Entwicklung und auf das Sozialverhalten
auswirken. Nach *Walter Tomans* Theorie (zuerst 1961), die
aus der Geburtenfolge insbesondere Folgerungen für die
spätere Partnerwahl abzuleiten versucht, ist es vor allem die
Untersuchung *Frank Sulloways,* die für Diskussionen
gesorgt hat. *Sulloway* meint, Kinder erkennen früh die
Positionen der Geschwister und entwickeln eine Strategie
der „Nischenspezialisierung", um eine möglichst intensive

Wertschätzung durch die Eltern zu erreichen: „Ein ganz wesentlicher Grund für die Unterschiede zwischen Geschwistern liegt in ihrer Konkurrenz um den Zugang zu den familiären Ressourcen" (S. 14). Einen überzeugenden Beleg sind die genannten Studien freilich schuldig geblieben: es mag so sein, es muss nicht so sein.

Adlers psychodynamisches Modell bleibt eher geeignet, biblische Geschwistergeschichten in den Blick zu nehmen. Es setzt bei der Geschwisterkonstellation an und fragt zugleich danach, welche Bedeutung den Geschwistern in der Familie zukommt und wie sie sich selbst erleben. So kann *Adler* das jüngere Kind Jakob als Wettkämpfer um die erste Position sehen, doch nicht schon, weil er der Zweitgeborene ist, sondern vor dem Hintergrund der Ungleichbehandlung der Brüder Esau und Jakob durch ihre Eltern (Isaak hat Esau lieber, Jakob ist der Lieblingssohn Rebekkas) – oder das jüngste Kind Joseph als denjenigen, der trainiert, um die anderen zu übertreffen, aber nicht schon, weil er der Jüngste ist, sondern weil ihm die besondere Liebe seines Vaters Jakob gilt.

Die Forschung der letzten fünfundzwanzig Jahre knüpft hier an. Verschiedene Faktoren, vor allem die Folgen der Ungleichbehandlung von Geschwistern, werden verstärkt untersucht *(Thomas Boll/Dieter Ferring/Sigrun-Heide Filipp)*. Bislang ist das Bild uneinheitlich; verlässliche Vorhersagen im Hinblick auf spätere Entwicklungen, die aus der Geschwisterkonstellation resultieren, sind nicht möglich. D.h. aber umgekehrt: Die individuelle Entwicklung ist weitgehend offen – mit der Möglichkeit, in jeder Konstellation die Frage Kains „Soll ich meines Bruders Hüter sein?" mit einem Ja zu beantworten.

Literatur:

Alfred Adler, Menschenkenntnis, Leipzig 1927, Nachdruck der Ausgabe Zürich 1949: Frankfurt/M. 1966; ders., Neurosen. Fallgeschichten, Frankfurt/M. 1981, S. 110–133 (Problems of Neurosis. A Book of Case Histories, London 1929); ders., Der Sinn des Lebens, Wien/Leipzig 1933, Nachdruck: Frankfurt/M. 1973, S. 133-147; Thomas Boll/Dieter Ferring/Sigrun-Heide Filipp, Struktur und Folgen elterlicher Ungleichbehandlung von Geschwistern: Forschungsstand und -desiderate, in: Zeitschrift für Entwicklungpsychologie und Pädagogische Psychologie 33, 2001, S. 195–203; Hartmut Kasten, Die Geschwisterbeziehung. Bd. 1, Göttingen 1993; Werner Metzger, Einführung, in: Alfred Adler, Über den nervösen Charakter. Grundzüge einer vergleichenden Individual-Psychologie und Psychotherapie, Wiesbaden 1912, Nachdruck der Ausgabe München 1928: Frankfurt/M. 1972, S. 7–18; Horst Petri, Geschwister – Liebe und Rivalität. Die längste Beziehung unseres Lebens, Zürich 1995; Hans Sohni, Geschwisterbeziehungen in Familien, Gruppen und in der Familientherapie, Göttingen 2004; Frank Sulloway, Der Rebell der Familie. Geschwisterrivalität, kreatives Denken und Geschichte, Berlin 1997 (Born to Rebel, New York 1996); Walter Toman, Familienkonstellationen. Ihr Einfluss auf den Menschen, München [7]2002.

III. Biblische Geschwistergeschichten in Religions- und Gemeindepädagogischer Perspektive

Wer in der Schule oder in der Gemeinde unterrichtet, wird sich immer wieder die Frage stellen, welchem Ziel das Lehren und Lernen dienen soll. Notwendig sei, so *Ingo Baldermann*,

„daß [Kinder und Jugendliche] sensibel werden für die [gegenwärtigen] Bedrohungen und widerstandsfähig zugleich, daß sie die Fähigkeit gewinnen, Alternativen wahrzunehmen zu den herrschenden so genannten Sachzwängen, daß sie sich selbst finden und gerade so offene Augen bekommen für die Belange der anderen, für eine weltweite Gerechtigkeit" (1990, S. 358).

Das alles sei nur möglich, wenn sich eine glaubwürdige Perspektive der Hoffnung eröffnet. Folgt man *Baldermann* darin, dass die biblischen Überlieferungen die glaubwürdige Perspektive der Hoffnung bieten können, stellen sich weitere zwei Fragen:

- Was begründet die Glaubwürdigkeit dieser Perspektive der Hoffnung?
- Kann das Erkennen der glaubwürdigen Perspektive der Hoffnung allein ein stabiles Fundament bilden? Oder muss die Perspektive der Hoffnung nicht auch erlebbar sein, damit Kinder und Jugendliche zu Menschen werden können, die ein von Ermutigung geprägter Lebensstil leitet, die entsprechend kooperationsfähig und damit zu der von *Baldermann* als notwendig erkannten Empathie und Solidarität befähigt sind?

Solange eine glaubwürdige Perspektive der Hoffnung allerdings fehlt, darin ist *Baldermann* Recht zu geben, wird
Kains Frage „Soll ich meines Bruders Hüter sein?" oder
genauer: die Alternative von Rückzug auf sich selbst oder
wechselseitiger Anteilnahme zugunsten des Rückzugs ent-
schieden.

Können biblische Geschwistergeschichten also die glaubwürdige Perspektive der Hoffnung bieten?

Sechs Thesen (und einige Überlegungen zum Thema
Bibeldidaktik):

1. Biblische Geschwistergeschichten entsprechen der Wirklichkeit der Kinder und Jugendlichen.

„Glaubwürdigkeit gründet in Wirklichkeitsentsprechung."
Unter diese Prämisse stellt *Dietz Lange* 1984 eine Studie
mit dem Titel „Erfahrung und die Glaubwürdigkeit des
Glaubens" (S. 1). Voraussetzung dafür, dass biblische Geschwistergeschichten als glaubwürdig erkannt werden
können, wäre demnach zuallererst, dass Kinder und
Jugendliche mit Geschwistern aufwachsen. Welche Auskunft geben die demographischen Daten zur Geschwister-
situation? Im Jahr 2000 hatten 51,2 Prozent aller Familien
in Deutschland ein Kind, 37 Prozent zwei Kinder und 11,7
Prozent drei und mehr Kinder. Die Zahlen liefern allerdings eine Momentaufnahme: Kinder, die zum Zeitpunkt
der Zählung geschwisterlos sind, müssen nicht Einzelkin-
der bleiben. Um beantworten zu können, mit wie vielen
Geschwistern Kinder im Verlauf ihrer Kindheit in einem
Haushalt aufwachsen, ist der Blick auf die sechs- bis neunjährigen Kinder aufschlussreich (in der Regel sind bei Kindern dieses Alters die jüngeren Geschwister bereits geboren, und die älteren Geschwister wohnen überwiegend
noch zu Hause). Es ergibt sich folgendes Bild: 19 Prozent
aller Kinder bleiben während ihrer gesamten Kindheit Ein-
zelkinder. Die Hälfte der Sechs- bis Neunjährigen wachsen
mit einem Bruder oder einer Schwester im Haushalt auf,

31 Prozent leben mit zwei oder mehr Geschwistern zusammen. Mehr als 80 Prozent der Kinder und Jugendlichen wachsen oder wuchsen demnach mit Geschwistern auf; verglichen mit 1996 ist der Anteil der Kinder mit Geschwistern etwa um 1 Prozentpunkt gesunken (die Daten nach *Heribert Engstler/Sonja Menning*). D.h.: Biblische Geschwistergeschichten entsprechen der Wirklichkeit der Kinder und Jugendlichen – und haben einen Glaubwürdigkeitsvorsprung!

2. Biblische Geschwistergeschichten können einen Raum der Begegnung öffnen.

Es lohnt zu prüfen, ob die *Baldermannsche* biblische Didaktik einen solchen Raum der Begegnung zu öffnen vermag, um so mehr, als *Baldermann* dies als seine Aufgabe als Lehrer bestimmt. Er schreibt: „Ich muß versuchen, Begegnungen herbeizuführen zwischen den Kindern und den Worten der Bibel, Begegnungen, mit denen ein Dialog beginnt, der länger dauert als mein Unterricht" (1996, S. 9). Ziel der Begegnung sei es, eine neue Wahrnehmung der Wirklichkeit zu ermöglichen (1996, S. 19). *Baldermann* meint eine Wahrnehmung der gegenwärtigen Wirklichkeit im Lichte der biblisch überlieferten Botschaft und somit eine erweiterte Wahrnehmung der Gegenwart.

Problemanzeigen:

– Problematisch bei *Baldermanns* Ansatz ist das Postulat einer der Bibel impliziten Didaktik, die es nur zu entdecken gelte (1993, S. 28). *Baldermann* meint, die Sprachbewegung der Bibel zeichne den Weg des Lernens vor (ebd.). Sie führe Komplexes zu elementaren Grundbegriffen zurück. Diese zeichneten sich dadurch aus, dass sich in ihnen sowohl biblische Grunderfahrungen als auch allgemein menschliche Erfahrungen verdichtet haben. Doch mit Hilfe welcher Kriterien werden elementare Grundbegriffe als solche bestimmt?

Horst Klaus Berg folgt ausdrücklich *Baldermann* darin, Sprachformen zu identifizieren, die die Bibel für die elementare Verdichtung von Glaubenserfahrungen und Glaubenstraditionen verwende, sogenannte „Grundbescheide" (1993, S. 76). Auch *Berg* verzichtet aber darauf, einen nachvollziehbaren Weg zu beschreiben, auf dem diese „Grundbescheide" gewonnen werden können. Sicher überliefert die Bibel die Erfahrung „Gott schenkt Leben", wie *Berg* schreibt (1993, S. 77), also die Erfahrung mit Sinnfindung und Sinnhaftigkeit (z.B. die Versöhnung Josephs mit seinen Brüdern), aber ebenso doch auch die bei *Berg* völlig fehlende Erfahrung mit Sinnverlust und Sinnlosigkeit (z.B. die die Erfahrung Esaus, um den Erstgeburtssegen betrogen worden zu sein).

Muss daher nicht zuallererst auf das der Erfahrung vorausgehende Erleben des Trägers der Erfahrung, des Menschen, von dem erzählt wird, der Blick gerichtet werden? Für das Unterrichtsgeschehen gilt: Solange das vermeintlich Elementare der Bibel nicht auf allgemeinem, für alle nachvollziehbarem Weg gewonnen, sondern vom Unterrichtenden gesetzt wird, bleibt den Kindern und Jugendlichen ein Raum der Begegnung, in dem sie teilnehmende Subjekte sein können, verschlossen.

– Problematisch an *Baldermanns* Ansatz ist weiter, dass sich die Kinder und Jugendlichen in der Begegnung mit den Sprachbildern insbesondere der Psalmen an emotionale Erfahrungen erinnern sollen, die, wie *Baldermann* sagt, „längst in die Tiefen des Unter- oder Unbewußten abgesunken waren und dort als emotionale Potenzen völlig unkontrolliert weiterwirken konnten" (1996, S. 36). Das Ziel sei die Versprachlichung der Angst und ihre Einbindung in einen größeren Zusammenhang der Hoffnung.

Die emotionale Erziehung, wie sie *Baldermann* beabsichtigt, ist von *Christina Kalloch* und *Bettina Kruhöffer* kritisiert worden. Sie schreiben:

„Ist die Problematik der emotionalen Erziehung nicht wesentlich komplexer, als dass sie durch ein ‚Gespräch mit der Seele' aufgearbeitet werden könnte? Darüber hinaus bleibt es fraglich, ob die Kinder die Sprache der Psalmen tatsächlich so verinnerlichen, dass diese Sätze zu ihren eigenen werden, mit denen sie eigene Ängste und Vertrauenserfahrungen zur Sprache bringen" (S. 64).

Aber was, wenn doch?, möchte man ergänzen. Welche Möglichkeiten haben die Kinder, mit ihrer Angst umzugehen, wenn sie innerhalb des Unterrichts den größeren Zusammenhang der Hoffnung *nicht* spüren?

Das folgende Beispiel *Baldermanns* (1996, S. 26–29) – eine Geschwistergeschichte! – mag die Kritik illustrieren: Der in einer 4. Schulklasse an die Tafel geschriebene Vers aus dem 69. Psalm „Ich versinke in tiefem Schlamm, wo kein Grund ist" (V. 3) verhelfe den Schülerinnen und Schülern, so *Baldermanns* Unterrichtserfahrung, eigene Gefühle von Niedergeschlagenheit zu präzisieren. Tatsächlich, liest man die von *Baldermann* notierten ersten Reaktionen der Schülerinnen und Schüler genauer – das, wie *Baldermann* sagt, „Protokoll der Erstbegegnung" –, erkennt man durchweg Gefühle von hoffnungsloser Niedergeschlagenheit. Da heißt es: „keiner hilft", „keiner kann dich rausholen", „keiner tröstet mehr", „ganz einsam", „unendliche Traurigkeit". Man kann sich des Eindrucks kaum erwehren, dass die Schülerinnen und Schüler ihre jeweils zweiten Reaktionen schon formuliert haben und nur noch auf deren Abruf warten: „Gott hilft", „Gott holt dich raus", „Gott tröstet", „Gott ist da", „Gott macht fröhlich". Zum Unterrichtsgeschehen darf deshalb folgendes vermutet werden:

Erstens nutzen die Schülerinnen und Schüler den Schutzraum, den die metaphorische Sprache durchaus bieten kann, indem sie distanzierte Formulierungen zulässt, nicht zu ihrem Schutz, sondern um sich zu verstecken.

Zweitens sind das didaktische Arrangement und die Vertrautheit mit der Fragestellung entscheidend. Konkret gefragt: Wie sehr werden die Schülerinnen und Schüler gerade zu einer engen, nämlich der vom Unterrichtenden vorgegebenen Wahrnehmung trainiert? Leicht kann das assoziierende Gespräch zur Doppelbödigkeit metaphorischer Sprache zum Spiel werden, wer die vorausgesetzte Deutung der Metapher zuerst herausbekommt.

Selbst wenn beide Vermutungen das tatsächliche Unterrichtsgeschehen verfehlen sollten, bleibt doch ein Einwand gewichtig. Das Ziel, mit Hilfe des einzelnen Sprachbildes einen dialogischen Lernprozess anzustoßen, erfordert in jedem Fall einen sehr weiten Kontext, der zwar eine allgemeine Akzeptanz erwarten lässt, zugleich es aber beinahe unmöglich macht, es zumindest nicht planbar sein lässt, dass sowohl die Wirklichkeit der biblischen Überlieferung als auch die Wirklichkeit der Kinder und Jugendlichen wahrgenommen werden können.

Im übrigen ist es eine Begegnung ungleicher Partner; die Schülerinnen und Schüler erfahren über den Menschen im Psalm nichts, sollen aber dennoch die tiefsten Tiefen ihrer Seele offen legen. Konkretes Anschauungsmaterial kann für sie nur das Ich des Psalmbeters sein, das sie (zumindest im Primarbereich) als persönliches Ich verstehen müssen, das *Baldermann* aber als fiktives Ich verstanden haben möchte.

Die erforderliche Offenheit des Kontextes kann gerade umschlagen in eine Vereinnahmung der Schülerinnen und Schüler, denen der Lernprozess weder durchsichtig noch nachvollziehbar sein kann, die vielmehr ganz einfach dankbar sind, dass es Religionsunterricht ist und dass es eben deshalb irgendetwas mit Traurigkeit, Trost, Angst, Hoffnung und Gott zu tun haben muss, aber eben nichts mit ihnen selbst.

Dass es aufgrund der Problemanzeigen sehr fraglich bleiben muss, ob es *Baldermann* tatsächlich gelingen kann, einen Raum der Begegnung zu öffnen, ändert freilich nichts am Recht der *Baldermannschen* Zielsetzung. Dem Ziel näher zu kommen, verhilft ein erneuter Blick auf den 69. Psalm. Was beklagt denn der Psalmbeter tatsächlich?

Er klagt: „Ich bin fremd geworden meinen Brüdern und unbekannt den Kindern meiner Mutter" (V. 9), „man spottet meiner" (V. 11), „sie treiben ihren Spott mit mir"

(V. 12), „die im Tor sitzen, schwatzen von mir und beim Zechen singt man von mir" (V. 13).

Sein Ziel benennt der Psalmbeter klar: „Ich warte, ob jemand Mitleid habe [...] und auf Tröster" (V. 21b); doch trotz aller Mühe – er weint bitterlich, er fastet, er trägt einen Sack als Kleidung, er wird krank –: da ist niemand, er findet keinen. Der Psalmbeter gibt nun die Hoffnung auf angemessene Beachtung auf und sucht Vergeltung; er strebt die Unterlegenheit der anderen an, ein Streben, das in seinem Gebet mit der Bitte gipfelt: „Tilge sie aus dem Buch des Lebens" (V. 29) – könnte es die nichterzählte Geschichte Kains sein?

Tatsächlich also beklagt der Psalmbeter eine Mangellage, die er in seinen Geschwisterbeziehungen und dann in seiner sozialen Umwelt insgesamt erlebt und versucht mittels zweier Strategien, zunächst Mitleid zu erheischen und später Vergeltung zu bekommen, seinen ins Wanken geratenen Wert zu sichern. D.h.: Ein mehrere Personen betreffendes, interpersonales Geschehen steht im Mittelpunkt des Psalms. Im Rückblick auf *Baldermanns* Ansatz kann von daher gefragt werden, ob nicht der Satz „Ich bin fremd geworden meinen Brüdern und unbekannt den Kindern meiner Mutter" (V. 9) als konkrete Interaktion einer Geschwistergeschichte viel eher geeignet wäre, einen Raum der Begegnung zu öffnen.

Die Wahrnehmung konkreter Interaktion kann der Schlüssel sein. Der Vergleich konkreten Erlebens und Verhaltens eines Menschen in der Bibel mit je eigenem konkreten Erleben und Verhalten stellt bereits eine erweiterte Wahrnehmung von Wirklichkeit dar. Sie ermöglicht es Kindern und Jugendlichen, kontinuierliche Wirklichkeitsentsprechung zu prüfen – und ist automatisch schon eine Stärkung ihrer Problemlösungskompetenz, die bei der Bewältigung zukünftiger Aufgaben zum Tragen kommen kann.

3. Biblische Geschwistergeschichten erzählen von interpersonalem Geschehen.

Interpersonales Geschehen als Anknüpfungspunkt erlaubt einen für alle nachvollziehbaren Verständigungsprozess, der weitgehend ergebnisoffen sein kann. Dies gelingt, weil das Anschauungsmaterial konkret ist. Intrapersonales Geschehen bietet dagegen kein konkretes Anschauungsmaterial und erfordert oftmals ein Rätselraten, das sehr leicht zur selektiven Wahrnehmung oder zur Interpolation fremder Wahrnehmungen führen kann. Beides aber würde eine erweiterte Wahrnehmung erschweren bis unmöglich machen. Wirklichkeitsentsprechende Handlungsalternativen in Richtung eines Kooperierens anstelle des Strebens nach eigener Überlegenheit bzw. der Unterlegenheit des anderen, sind nur dann erfolgversprechend reflektierbar, wenn das leitende Ziel und die Bewegung, die das konkrete Erleben und Verhalten bestimmen, kritisch wahrgenommen werden können.

4. In biblischen Geschwistergeschichten begegnen Menschen der Bibel den Kindern und Jugendlichen – die Kinder und Jugendlichen begegnen den Menschen der Bibel.

Baldermanns Postulat einer der Bibel impliziten Didaktik, die es nur zu entdecken gelte, ergibt zwangsläufig einen deduktiven Weg. Die Bibel gibt ihn über ihre Sprachbewegung vor. Sie spricht mittels der in ihren Sprachbildern verdichteten Grunderfahrungen in die Wirklichkeit der Kinder und Jugendlichen. Kurz: Die Bibel begegnet den Kindern und Jugendlichen.

Horst Klaus Berg versucht, neben diesem deduktiven Weg, den er „bibelorientierte Problemerschließung" nennt, einen zweiten, induktiven, weil bei der Wirklichkeit der Schülerinnen und Schüler ansetzenden Weg, den er „problemorientierte Texterschließung" nennt. Kurz: Die Kinder und Jugendlichen begegnen der Bibel.

Tatsächlich aber unterscheiden sich die Wege kaum. Sie orientieren sich jeweils an den „Grundbescheiden" der

Bibel; entweder wird ein Problem einem „Grundbescheid" zugeordnet oder ein „Grundbescheid" einem Problem. Weder der „Grundbescheid" noch das Problem werden auf nachvollziehbarem Weg gewonnen; sie werden vielmehr als Anknüpfungspunkt gesetzt. D.h.: Das Ineinander von induktivem und deduktivem Vorgehen, das ein Begegnungsprozess wäre, erlaubt die Bibeldidaktik *Bergs* zwar ansatzweise, jedoch nur in den vorgegebenen engen Grenzen.

So fällt es beispielsweise auf, dass *Berg* die noch im ersten Band seines Handbuchs des biblischen Unterrichts (1991) ausführlich behandelte Geschichte von Kain und Abel im zweiten Band nur noch als Negativfolie heranziehen kann, vor der er den „Grundbescheid" „Gott schenkt Leben" entfaltet. Doch die Geschichte ist komplexer, als dass sie nur für die, wie *Berg* schreibt, „selbstherrliche Verfügungsgewalt des Menschen über Leben und Tod" stünde.

Ein erster Perspektivenwechsel und damit ein induktiver Erstzugang zu der biblischen Überlieferung ist zweifellos nötig. Das Prinzip, indem ich dem anderen begegne, genauer: indem ich ihn als Kooperationspartner anerkenne, begegne ich mir, hat grundsätzlich Gültigkeit. Dennoch ist das nur der erste Schritt. Erst wenn ich mich auch im anderen als anerkannter Kooperationspartner erkenne, beginnt ein Kooperationsprozess. Ein solcher Kooperationsprozess zwischen den Kindern und Jugendlichen und den Menschen der Bibel ist dann möglich, wenn sie erkennen können, dass das Erleben und Verhalten der Menschen der Bibel grundsätzlich ihrem eigenen Erleben und Verhalten entsprechen kann (es muss dabei nicht das gleiche Erleben und Verhalten sein, sondern ein vergleichbares).

Unter dieser Voraussetzung kann ein zweiter Perspektivenwechsel gelingen, indem dann der Mensch der Bibel den Kindern und Jugendlichen als ein sie Fragender begegnet. Erst der ständige Perspektivenwechsel lässt die Kinder und Jugendlichen teilnehmende Subjekte sowohl an der gegenwärtigen als auch an der biblisch überlieferten Wirklichkeit sein.

Die eingangs gestellte Frage, ob biblische Geschwistergeschichten die glaubwürdige Perspektive der Hoffnung bieten können, ist zu bejahen; die Frage, ob eine als glaubwürdig erkannte Perspektive der Hoffnung *allein* das angestrebte stabile Fundament bilden kann, wartet noch auf eine Antwort. Immerhin haben die bisherigen Überlegungen gezeigt: Glaubwürdigkeit ist grundsätzlich erfahrbar, wenn aufgrund erweiterter Wahrnehmung Wirklichkeitsentsprechung grundsätzlich erkennbar ist. Eine glaubwürdige Perspektive der Hoffnung ist für Kinder und Jugendliche jedoch dann ein schwankendes Fundament, wenn das Unterrichtsgeschehen *selbst* der in der Begegnung mit den Menschen der Bibel erkannten Möglichkeit zu Empathie und Solidarität widerspricht.

Genauer: Das Unterrichtsgeschehen muss genauso wie der beschriebene Begegnungsprozess ein Kooperationsprozess sein. Die glaubwürdige Perspektive der Hoffnung muss im Unterrichtsgeschehen nicht nur erkennbar, sondern erlebbar werden.

5. Biblische Geschwistergeschichten können ermutigen – aber nur dann, wenn auch das Unterrichtsgeschehen der Entmutigung vorzubeugen bzw. entgegenzuwirken sucht, d.h. ermutigt und die Kooperationsfähigkeit der Kinder und Jugendlichen stärkt.

Die von dem Individualpsychologen *Robert F. Antoch* für die therapeutische Beziehung entwickelte Klärung des Begriffs „Ermutigung" ist problemlos auch für das pädagogische Verhältnis anzuwenden. *Antoch* schreibt, die Situation, in der jemand jemanden ermutigen kann, sei dadurch gekennzeichnet, dass jemand ein Problem hat bzw. vor einer Aufgabe steht, die er nicht ohne weiteres bewältigen kann und ein anderer entweder von vornherein da ist oder von dem ersten gebeten wird, ihm bei der Problembewältigung zu helfen. Ermutigung sei somit

„derjenige Kooperationsprozeß, der zwischen zwei Personen in Gang kommen kann, wenn der eine zur Lösung eines für ihn allein nicht lösbar erscheinenden Problems die Hilfe eines anderen in Anspruch nimmt. Jeder Versuch der Ermutigung hat zur Voraussetzung, daß sich die Kooperationspartner trotz ihrer verschiedenen Funktionen als prinzipiell gleichwertig verstehen und daß der Partner in der Hilfsfunktion die Lösung nicht mit von außen herangetragenen Mitteln, sondern im wesentlichen mit Hilfe von Mitteln und Motivationen vorantreibt, die er bei seinem Gegenüber vorfindet und belebt. Ein Ermutigungsversuch ist erfolgreich verlaufen, wenn der Betroffene das Problem aus einer erweiterten Einsicht in die eigenen Wünsche und Vorstellungen, in Sachnotwendigkeiten und in die Forderungen seiner sozialen Umwelt einer für ihn und seine Umwelt sachgerechten Lösung zuführen kann" (S. 145).

Wie kann sich also Ermutigung im Unterrichtsgeschehen konkretisieren?

– Ermutigung kann sich im Unterrichtsgeschehen in emotionaler Hinsicht konkretisieren, indem die Kinder und Jugendlichen als Personen, in ihrem Sosein, entsprechend in allen ihren Äußerungen, ernst genommen werden, indem vor allem ihre Einschätzungen ihrer gegenwärtigen Wirklichkeit, ihres Verhaltens und Erlebens, ihrer Einstellungen zu „den anderen", ihrer Mittel der Zielerreichung und ihrer Ziele, erkannt und geachtet werden, so dass sie, ohne Angst um den eigenen Wert haben zu müssen und daher ohne auf Werterhaltungsstrategien zurückgreifen zu müssen, eigene Beiträge leisten können. Unterrichtende sollten sich um einfühlendes Verstehen und um die Schaffung und stete Verstärkung einer kontaktgünstigen Atmosphäre bemühen. Die einzunehmende Grundhaltung stimmt mit jener von *Carl R. Rogers* für den Berater innerhalb der Klientenzentrierten Gesprächspsychotherapie geforderten Haltung insofern überein, als Akzeptanz, Echtheit und Empathie unbedingte Voraussetzungen der Ermutigung sind. D.h., es müssen sowohl solche Erfahrungen bei den Kindern und Jugendlichen vermieden werden, die deren Wert in Frage stellen könnten, als auch alle Bestätigungen von Werterhaltungsstrategien unterbleiben.

– Ermutigung kann sich in kognitiver Hinsicht konkretisieren in einem gemeinsamen Wahrnehmen der Wirklichkeit. Unterrichtende, Kinder und Jugendliche versuchen, gemeinsam zu einer erweiterten Wahrnehmung zu gelangen, um die Problemlösungskompetenz der Kinder und Jugendlichen zu stärken. Unterrichtende haben dabei die Aufgabe, positive Aspekte der Wahrnehmung des Erlebens und Verhaltens der Kinder und Jugendlichen rückzumelden und sie damit vom Druck „so zu sein, aber so nicht sein zu dürfen" zu befreien. Erst die Erfahrung, dass der eigene Wert nicht auf dem Spiel steht, ermöglicht die erweiterte Wahrnehmung.

– Ermutigung kann sich schließlich in technischer Hinsicht konkretisieren als eine Übung in Kooperation. Unterrichtende haben hier die Aufgabe, ein Training zu leiten und Regie zu führen. Konkret ist es ihre Aufgabe, planmäßig Situationen herbeizuführen, die Erfolgserlebnisse wahrscheinlich machen. Wenn Kinder und Jugendliche das Erlebnis des „Auch-Könnens" machen sollen, muss der Versuch immer genauso hoch bewertet werden wie der Erfolg. Das Ziel ist es, dass Kinder und Jugendliche die Erfahrung von gelungener Kommunikation, schließlich von gelungener Kooperation machen können.

6. Biblische Geschwistergeschichten in Schule und Gemeinde können zur Übung in Kooperation coram mundo (in Gegenwart der Wirklichkeit) et coram Deo (in Gegenwart Gottes) werden.

Wenn sich über den Anknüpfungspunkt interpersonalen Geschehens ein Begegnungsraum öffnet und in ihm ein Begegnungsprozess beginnt, bei dem Kinder und Jugendliche teilnehmende Subjekte sowohl an der gegenwärtigen als auch an der biblisch überlieferten Wirklichkeit sein können, ist grundsätzlich kontinuierliche Wirklichkeitsentsprechung der biblisch überlieferten Wirklichkeit gegeben – und damit eine glaubwürdige Perspektive der Hoffnung.

Wenn weiterhin die Möglichkeit zu Empathie und Solidarität als Handlungsalternative nicht nur erkennbar, sondern im Unterrichtsgeschehen durch Ermutigung und Stärkung der Kooperationsfähigkeit auch erlebbar ist, sollte sie auch übertragbar sein in die je eigene Gegenwart und Zukunft.

Das gemeinsame erweiterte Wahrnehmen der gegenwärtigen Wirklichkeit ist eine Übung in Kooperation coram mundo (in Gegenwart der Wirklichkeit).

Das gemeinsame, noch einmal um die biblisch überlieferte Wirklichkeit erweiterte Wahrnehmen der gegenwärtigen Wirklichkeit und die damit zu erwerbende Kompetenz im Blick auf die Zukunft ist eine Übung in Kooperation coram mundo et coram Deo (in Gegenwart der Wirklichkeit und in Gegenwart Gottes).

Auf dem stabilen Fundament einer erkennbaren und erlebbaren glaubwürdigen Perspektive der Hoffnung, und nur auf diesem Fundament, haben Kinder und Jugendliche schließlich einen sicheren Stand, um Kains Frage zugunsten der Empathie und der Solidarität beantworten zu können: mit einem Ja.

Literatur:

Robert F. Antoch, Von der Kommunikation zur Kooperation. Studien zur individualpsychologischen Theorie und Praxis, München/Basel 1981; Ingo Baldermann, „Nie wieder Religionsunterricht"?, in: Christenlehre 1990, S. 356–361; ders., Einführung in die Bibel, Göttingen ⁴1993; ders., Einführung in die Biblische Didaktik, Darmstadt 1996; ders., Der Gott des Friedens und die Götter der Macht. Biblische Alternativen, Wege des Lernens 1, Neukirchen–Vluyn 1983; Horst Klaus Berg, Grundriß der Bibeldidaktik. Konzepte, Modelle, Methoden, Handbuch des biblischen Unterrichts 2, München/Stuttgart 1993; ders., Ein Wort wie Feuer. Wege lebendiger Bibelauslegung, Handbuch des biblischen Unterrichts 1, München/Stuttgart 1991; Heribert Engstler/Sonja Menning, Die Familie im Spiegel der amtlichen Statistik. Lebensformen, Familienstrukturen, wirtschaftliche Situation der Familien und familiendemographische Entwicklung in Deutschland, erweiterte Neuauflage, Bundesministerium für Familie, Senioren, Frauen und Jugend, Berlin 2003; Matthias Günther, „... soll ich meines Bruders Hüter sein?" (Gen 4,9). Geschwistergeschichten im biblischen Unterricht und die Frage nach dem „didaktisch Notwendigen", in: Loccumer Pelikan 2001, S. 176–182; ders., Einführung in die individualpsychologisch orientierte Bibeldidaktik. Grundlagen und Impulse für die Praxis, Frankfurt/M. 2004; ders., Interesse am Mitmenschen. Lebensstilorientierte Bibelerschließung im biblischen Unterricht, Frankfurt/M. 2001; Christina Kalloch/Bettina Kruhöffer, Das Alte Testament „unmittelbar" erschließen? Kritische Anfragen an die bibeldidaktische Konzeption Ingo Baldermanns, in: Loccumer Pelikan 2001, S. 59–64; Dietz Lange, Erfahrung und die Glaubwürdigkeit des Glaubens, Hermeneutische Untersuchungen zur Theologie 18, Tübingen 1984.

IV. Beispiele

1. Das ältere Kind:
Kain und Abel (Gen 4,1–16)

„(1) Und Adam erkannte seine Frau Eva, und sie ward schwanger und gebar den Kain und sprach: ich habe einen Mann gewonnen mit Hilfe Jahwes. (2) Danach gebar sie Abel, seinen Bruder. Und Abel wurde ein Schäfer, Kain aber wurde ein Ackermann. (3) Es begab sich aber nach etlicher Zeit, dass Kain Jahwe Opfer brachte von den Früchten des Feldes. (4) Und auch Abel brachte von den Erstlingen seiner Herde und von ihrem Fett. Und Jahwe sah gnädig an Abel und sein Opfer, (5) aber Kain und sein Opfer sah er nicht gnädig an. Da ergrimmte Kain sehr und senkte finster seinen Blick. (6) Da sprach Jahwe zu Kain: Warum [Wozu] ergrimmst du? Und warum [wozu] senkst du deinen Blick? (7) Ist's nicht also? Wenn du fromm bist [Wenn du es gut machst], so kannst du frei den Blick erheben. Bist du aber nicht fromm [Machst du es aber nicht gut], so lauert die Sünde vor der Tür, und nach dir hat sie Verlangen; du aber herrsche über sie. (8) Da sprach Kain zu seinem Bruder Abel: Lass uns aufs Feld gehen! Und es begab sich, als sie auf dem Felde waren, erhob sich Kain wider seinen Bruder Abel und schlug ihn tot. (9) Da sprach Jahwe zu Kain: Wo ist dein Bruder Abel? Er sprach: Ich weiß nicht; soll ich meines Bruders Hüter sein? (10) Er aber sprach: Was hast du getan? Die Stimme des Blutes deines Bruders schreit zu mir von der Erde. (11) Und nun: Verflucht seist du auf der Erde, die ihr Maul hat aufgetan und deines Bruders Blut von deinen Händen empfangen. (12) Wenn du den Acker bebauen wirst, soll er dir hinfort seinen Ertrag nicht geben. Unstet und flüchtig sollst du sein auf Erden. (13) Kain aber sprach zu Jahwe: Meine Strafe ist zu schwer, als dass ich sie tragen könnte. (14) Siehe, du vertreibst mich heute vom Acker, und ich muss mich vor deinem Angesicht verbergen und muss unstet und flüchtig sein auf Erden. So wird mir's gehen, dass mich totschlägt, wer mich findet. (15) Aber Jahwe sprach zu ihm: Nein, sondern wer Kain totschlägt, der soll siebenfältig gerächt werden. Und Jahwe machte ein Zeichen an Kain, dass ihn niemand erschlüge, der ihn fände. (16) So ging Kain hinweg von dem Angesicht Jahwes und wohnte im Land Nod, jenseits von Eden, gegen Osten."

1.1. Theologische Erschließung

Die Kain-und-Abel-Geschichte ist anderes und mehr als der erste Mordfall der Menschheitsgeschichte. Sie zeigt auffällige Entsprechungen zur Paradiesgeschichte (Gen 2,4b–3,24). Beide Geschichten erzählen von einem Vergehen, das Jahwe in einem Verhör feststellt und in einem Fluchspruch bestraft; Jahwe selbst schützt die Bestraften schließlich vor den ärgsten Folgen ihrer Vergehen (3,21; 4,5b). Da die Geschichte von Kain und Abel jedoch nicht als eine zweite Sündenfallgeschichte gelesen werden will, ist es interessant zu sehen, worin sich Gen 3 und 4 unterscheiden. Gen 4 beginnt mit der Geburt der Söhne des von Gott erschaffenen Menschenpaares Adam und Eva – oder mit *Claus Westermann:* zu der Urbeziehung von Mann und Frau tritt nun die Urbeziehung des Nebeneinanders von Brüdern. Während in Gen 2 das Verhältnis von Mann und Frau als einander entsprechende Hilfe beschrieben worden ist, wird nun die andere Möglichkeit gezeigt:

„die der Feindschaft, des Gegeneinander, das sich aus dem Nebeneinander der Brüder ergeben kann, zusammen mit dem Reagieren Gottes darauf. Brüder sind, wie das dann auch die Vätergeschichte zeigt, natürliche Rivalen; im Brudersein wurzelt Rivalität, Konkurrenz, Streit, Feindschaft. Diese erwachsen normalerweise nicht aus der Partnerschaft von Mann und Frau, auch nicht aus dem Verhältnis von Eltern und Kindern, obwohl es sie auch hier geben kann; sie erwachsen normalerweise aus dem Nebeneinander von Gleichgestellten, weil sich aus ihm Konfliktmöglichkeiten ergeben" (S. 390).

Gen 4,1–16 erzählt somit von individuellem (Rivalität zwischen den beiden Brüdern) und urgeschichtlichem Geschehen (Söhne des von Gott geschaffenen Menschenpaares).

V. 1–2: Der Name Kain, hier sicher Personenname, kein Stammesname, bereitet Schwierigkeiten. Er geht auf eine Bedeutung zurück, die mit Schmiedekunst (oder allgemeiner: Metallbearbeitung) zu tun hat. Doch hilft diese Rückführung für die Kain –und–Abel–Geschichte nicht weiter. Eher lässt sich eine Bedeutung aus der Geschichte selbst entnehmen. Nach der Strafrede Jahwes an Adam (3,17–19) ist sein erstes Wort ein Bekenntnis zum Leben („Und Adam nannte sein Weib Eva; denn sie wurde die Mutter aller, die da leben."), nach der Strafrede Jahwes an Eva (3,16) ist ihr erstes Wort (4,1) der Jubel über das neue Leben, sie deutet den Namen Kain als Lobnamen: „Ich habe einen Mann gewonnen mit Hilfe Jahwes" (später dann genauso den Namen Set: 4,25).

Der Name Abel illustriert das Schicksal des Zweitgeborenen in dieser Geschichte: er wird geboren, er wird erschlagen; er ist vergänglich, ein Hauch, eine Nichtigkeit.

Die Berufsangaben sind für das folgende Nebeneinander gleichwertiger Opfer wichtig, lassen jedoch keine weiterreichenden Deutungen zu. Anders als bei Jakob und Esau, die sich ihnen entsprechende Berufe gewählt haben (Gen 25,27), sind Schäfer und Ackermann hier die beiden Grundberufe einer notwendig gewordenen Arbeitsteilung von Bewahren (Hüten) und Bebauen der Erde.

V. 3–5: Die Angabe „es begab sich aber nach etlicher Zeit" setzt voraus, dass bereits vor dem Opfer etwas geschah. Ob hier an ähnliches Geschehen wie in den Vorgeschichten zu Jakob und Esau (Gen 25,24–28) oder zu Joseph und seinen Brüdern (Gen 30,22–24) zu denken ist, bleibt offen.

Zwei Fragen zum Opfer werden reichlich diskutiert: Warum sah Jahwe Abel und sein Opfer gnädig an, Kain und sein Opfer aber nicht? Woran erkannten Kain und Abel die Annahme oder Nichtannahme ihrer Opfer? An beiden Fragen hat der Erzähler kein Interesse. Tatsächlich ist das Opfer Abels ein wenig mehr ausgemalt: er brachte von den Erstlingen seiner Herde und von ihrem Fett. Doch dass Jahwe das Opfer Kains nicht annahm, kann weder auf seine Gesinnung noch auf ein falsches Opfer noch auf eine falsche Art des Opferns zurückgeführt werden.

„Wenn erzählt wird, daß Gott das Opfer des einen Bruders ansah und das Opfer des anderen nicht, dann ist damit ausgedrückt, daß der eine Förderung, der andere Schädigung (Nichtgedeihen) von Gott erfuhr. Wenn eine solche Erfahrung, wie sie die zwei Brüder machen, auf ein Einwirken Gottes zurückgeführt wird, dann wird sie damit als unabänderlich gekennzeichnet. Es ist von Gott so geschickt" (*Westermann,* S. 403).

Entscheidend ist, dass an dieser Stelle Ungleichheit in das Nebeneinander Gleichberechtigter tritt. Der eine bekommt, was dem anderen versagt wird. Die Reaktion Kains wird nicht als negative Reaktion, sondern als normale und berechtigte Reaktion auf die Erfahrung der Ungleichheit erzählt: „Da ergrimmte Kain sehr und senkte finster seinen Blick", d.h., er bricht die Beziehung und Gemeinschaft mit Abel ab, er will ihn nicht mehr ansehen.

V. 6–7: In der Regel nimmt man an, die Verse seien nachträglich in die Kain-und-Abel-Geschichte eingefügt worden; doch ist das nicht zwingend. Jahwe fragt Kain nach dem Ziel seines Handelns, was er vorhabe, wenn er ergrimme und sein Gesicht senke (*Horst Seebass,* S. 147), um sogleich die Konsequenzen der möglichen Ziele zu benennen. Mit *Diethelm Michel* sollte das hebräische Wort lammah/lamah nicht mit „warum", sondern mit „wozu" übersetzt werden. Es fragt nicht nach in der Vergangenheit liegenden Gründen für ein Handeln (was an dieser Stelle auch seltsam wäre!), sondern nach den bewussten oder unbewussten Zielen des Handelnden. Zwei Ziele stehen

Kain offen: Macht er es gut (von Frömmigkeit, wie *Luther* übersetzt, ist hier nicht die Rede!), kann er seinen Bruder ansehen, d.h. die Beziehung und Gemeinschaft mit Abel aufrechterhalten. Macht er es nicht gut, ist er in Gefahr, zum Spielball seiner Gefühle von Rivalität, Konkurrenz, Streit und Feindschaft Abel gegenüber zu werden. Sie könnten vollständig von ihm Besitz ergreifen (die Sünde lauert vor der Tür), aus dem Nebeneinander könnte ein Gegeneinander werden, das dämonische Dimensionen anzunehmen drohte, das außer Kontrolle zu geraten drohte (*Seebass*, S. 153). Doch noch immer hat Kain die Gelegenheit, zu wählen: „Du aber herrsche [über die Sünde]."

V. 8: Kains Ziel steht fest. Er erhebt sich wider seinen Bruder; das Nebeneinander ist zu einem Gegeneinander geworden. Dem Ziel, sich zu erheben, entspricht die Tat, die folgt. Die geläufige Zuschreibung, Kain stehe für das Böse, Abel für das Gute, lässt sich hier nicht erkennen. Vielmehr stellt die Geschichte nüchtern fest: so kann es sein, so ist es.

„Mit dem Nebeneinander von Brüdern (Gleichgestellten, Gleichberechtigten) ist die Möglichkeit der Ungleichheit da. Der eine wird angesehen, der andere nicht. Weil aber diese Ungleichheit im Ansehen Gottes bedingt ist, muß die Menschheit mit ihr leben und muß also auch mit der Möglichkeit des Brudermordes leben" (*Westermann*, S. 412).

Abb. 1: Rembrandt van Rijn, Kain erschlägt Abel, Federzeichnung, 16,9×24,7 cm, um 1650, Kopenhagen, Kobberstiksamling.

V. 9–10: Jahwe stellt im Verhör das Vergehen fest. Dabei bleibt Kain

„auch als Verbrecher, auch als Mörder darin Gottes Geschöpf, daß er die Tat zu sühnen gewürdigt wird. Indem das Verbrechen geahndet wird, bleibt es menschliches Verbrechen; in der Strafe wird der Verbrecher als Mensch anerkannt" (*Westermann,* S. 413).

Die Frage Jahwes „Wo ist dein Bruder Abel?" setzt das Nebeneinander der Brüder voraus. Kains angesichts des Mordes makabere Entgegnung „Ich weiß nicht; soll ich meines Bruders Hüter sein?" (eigentlich und deutlicher: „Soll ich der Hüter des Hüters/Hirten sein?") widerspricht dieser Voraussetzung. Hier wird man kaum den Versuch lesen können, Kain wolle seine Tat verdecken. Vielmehr antwortet er seinem Ziel, sich über Abel erheben zu wollen, entsprechend. Abel musste weg, damit Kain zum Zuge kommen kann – wie kann Kain dann Abels Hüter sein? Das aber bedeutet auch, dass sich Kains Verhältnis zu Jahwe verändert hat. Nachdem er tatsächlich zum Spielball seiner Gefühle von Rivalität, Konkurrenz, Streit und Feindschaft Abel gegenüber geworden ist, hat er sich zwangsläufig auch von der Gemeinschaft mit Jahwe abgewandt. Mit Jahwes Wort „Die Stimme des Blutes deines Bruders schreit zu mir von der Erde" wird allerdings klar: ein Davonkommen vor Jahwe gibt es nicht, nicht für Kain, für niemanden.

„Weil einer da ist, der das Blut des Erschlagenen schreien hört, gibt es für den Mörder kein Ausweichen vor der Frage ‚Was hast du getan?' In diesem Satz ist, gültig für die gesamte Menschheitsgeschichte, der Mensch als Geschöpf Gottes vor dem Menschen geschützt. Der Mord ist und bleibt eine menschliche Möglichkeit; die Möglichkeit des Gelingens eines Mordes (‚der perfekte Mord'), in dem Sinne des Davonkommens mit der Beseitigung eines Menschen, ist hier für immer gültig ausgeschlossen" (*Westermann,* S. 415).

V. 11–12: Der Fluchspruch Jahwes stellt die vom Täter selbst verursachte Tatfolge fest. Der blutgetränkte Acker verliert seine Fruchtbarkeit, der Ackermann muss den

Acker verlassen. Kain wird aus der Gemeinschaft der Menschen ausgesondert (unstet und flüchtig wird er überall auf der Erde sein).

V. 13–15: Wie der Schrei des Blutes Abels von Jahwe gehört wird, so auch die Klage Kains über die Schwere seiner Strafe. „Siehe, du vertreibst mich heute vom Acker" meint die Verbannung aus dem Lebensraum, in dem sich Kains und Abels Leben abspielte.

„Die Verbannung aus diesem Lebensraum bedeutete die Wegnahme der Lebensgrundlage und damit Auslieferung an eine so hohe Todesgefahr, daß sie wie eine Überantwortung an den Tod oder noch schlimmer aufgefaßt wurde" (*Westermann*, S. 421).

„Ich muss mich vor deinem Angesicht verbergen" bezeichnet ein Sich–Verstecken–Müssen vor Gottes Zorn. „So wird mir's gehen, dass mich totschlägt, wer mich findet" ist zu verstehen als ein ohnmächtiges Ausgeliefertsein des Ausgesonderten an seine Feinde – und das kann grundsätzlich jeder sein. Das Nein Jahwes mildert die Strafe/die Tatfolge nur insofern, als die von Kain befürchtete Folge seines Ausgesondertseins, von jedem getötet werden zu können, ausgeschlossen wird. Der Schutz Jahwes gilt dem Ausgesonderten, der Kain bleibt. Zwischen Strafe und Schutz besteht demnach kein Widerspruch. Das Zeichen, das Jahwe Kain setzt, hat die Funktion, ein Eingreifen anderer in die Strafe Jahwes zu verhindern. Es ist zuallererst sichtbares Zeichen des von Jahwe aufgestellten Rechtssatzes: „Wer Kain totschlägt, das soll siebenfältig gerächt werden." Wie dieses Zeichen ausgesehen haben könnte, bleibt dunkel.

„Es hat seine Bedeutung allein in dem Zusammenhang, den die Erzählung darstellen will. Es ist anzunehmen, daß auch der Erzähler sich nicht eine bestimmte Vorstellung von der Gestalt dieses Zeichens gemacht hat" (*Westermann*, S. 427).

V. 16: Das Land Nod bezeichnet wie „jenseits/östlich von Eden" ein Leben in der Ferne von Jahwe.

Folgende Aussagen der Kain-und-Abel-Geschichte lassen sich festhalten:

– Im Nebeneinander gleichgestellter Brüder wurzelt Rivalität, Konkurrenz, Streit, Feindschaft.
– In das Nebeneinander Gleichgestellter lässt Gott Ungleichheit treten.
– Der Mensch wählt das Ziel seines Handelns, das Nebeneinander trotz der Ungleichheit aufrechtzuerhalten oder sich dem Gegeneinander bis hin zum Brudermord auszuliefern.
– Ein Davonkommen im Sinne des Gelingens eines Mordes vor Gott ist für immer gültig ausgeschlossen.
– Der Mensch bleibt auch als Mörder Gottes Geschöpf; Gott würdigt ihn, die Tat zu sühnen; Gott schützt sein Leben.

Literatur:

Diethelm Michel, „Warum" und „Wozu"? Eine bisher übersehene Eigentümlichkeit des Hebräischen und ihre Konsequenzen für das alttestamentliche Geschichtsverständnis, in: J. Hesse (Hg.), „Mitten im Tod – vom Leben umfangen". Gedenkschrift für W. Kohler, SIGC 48, Frankfurt/M. 1988, S. 191–210; Horst Seebass, Genesis I. Urgeschichte (1,1–11,26), Neukirchen–Vluyn 1996; Claus Westermann, Genesis, Biblischer Kommentar Altes Testament I/1, Neukirchen 1974.

1.2. Psychologische Deutungsangebote

Die Psychologie bietet zwei Deutungsmodelle an. Das tiefenpsychologische Modell deutet Kain und Abel als zwei sich widersprechende Strebungen derselben Person. Das psychodynamische Modell betrachtet Kain als Person in seiner Familie.

Leopold Szondi (1960) sieht in Kain und Abel einen Widerspruch dargestellt, der die Persönlichkeit jedes Menschen durchziehe. Kain werde zunächst als „Hintergänger" (vergleichbar bei *Carl Gustav Jung:* das Unbewusste, der „Schatten") von Abel als „Vordergänger" verdeckt.

Das Bild Abels stelle nach *Szondi*

„einen Menschen dar, der einerseits in seinem ethischen Leben nach Gewissenhaftigkeit, Gerechtigkeit und Toleranz gegenüber den Mitmenschen strebt, der gutmütig, hilfsbereit, oft auch religiös ist [...], andererseits in seiner Moral auf die Schamschranken streng achtet; d.h. er stellt sich nie zur Schau, sondern unterdrückt seinen Geltungsdrang und verbirgt seine zarten Gemütsbewegungen [...] Die Gesellschaft hält ihn für einen anständigen, guten Menschen. Gut sein heißt aber, daß man den Bösen, d.h. den ‚Bruder Kain' in den Hintergrund gestellt hat" (S. 119).

Der „Hintergänger" zeigt entsprechend das entgegengesetzte Bild:

„Kains Boshaftigkeit nährt sich aus zwei Strebungen. Erstens staut er die groben Affekte (Wut, Haß, Zorn, Rache, Neid und Eifersucht) in sich auf [...] Zweitens will er diese groben Affekte bei der ersten besten Gelegenheit geltend machen. Kain schämt sich somit nicht, der böse Bruder zu sein" (ebd.).

Im ungünstigen Fall kann Kain sich in den Vordergrund bringen und Abel damit hinter sich. Neben der Erbanlage, so *Szondi* weiter, seien es im besonderen Erziehungsfehler im frühesten Kindesalter, die das Wahl-Schicksal des „Kain–Seins" im Leben des Einzelnen bestimmen. Unter rivalisierenden Geschwistern, von denen das eine von einem Elternteil bevorzugt wird, entwickele dasjenige, welches in der Elternliebe zu kurz gekommen ist, des öfteren Kainsansprüche. Es habe den Drang, seinem Rivalen oder sogar dem ungerechten Elternteil den Tod zu wünschen. Das tragische Schicksal der „Kainiten" beginne somit in der Frühkindheit; immer weiter dehnen sie den Kreis der Mitmenschen, gegen die sie Wut und Hass hegen, auf deren Erfolg sie neidisch und eifersüchtig sind, aus (ebd.).

„Obzwar der reine Kain stets seinen milderen Bruder Abel im Hintergrund hält, gelingt es sogar den Tiefenpsychologen äußerst selten, die Drehbühne des Affektlebens vom Bösen zum Guten umzudrehen, vermutlich, weil ja die Umwelt unfähig ist, auch ihre Feinde, diese Kainiten, zu lieben und sie gerade durch ausharrende Liebe und Zärtlichkeit davon zu überzeugen, daß im Leben mit Liebe alles leichter geht als mit Böswilligkeit" (S. 120).

Eugen Drewermann gibt im Anschluss an *Szondi* folgende Hinweise für eine psychoanalytische Interpretation der Kain-und-Abel-Geschichte:

„a. Kain und Abel sind Repräsentanten von Strebungen, die in einem jeden Menschen liegen; sie sind somit von vornherein als menschheitliche Gestalten zu verstehen;

b. Kain und Abel sind dialektisch polar aufeinander bezogen, wobei der eine jeweils an die Stelle des anderen tritt; sie sind Brüder, die in ihrem Auftreten einander ausschließen;

c. es liegt in der Natur der Sache, daß der Kain-Anspruch sich stärker in den Vordergrund drängt als der Abel-Anspruch;

d. zu beachten ist der überfallartige, jähzornige Charakter der Tat Kains, die eine heftige Abwehr und Aufstauung der aggressiven Tendenzen voraussetzt;

e. das Tatmotiv ist in der Wut und Enttäuschung über die Zurückweisung der Liebe zu ‚Gott' sowie in den Strebungen von Eifersucht und Neid zu sehen;

f. es gehört zum Tätertyp der Kains-Gestalt die ‚Schamlosigkeit', das Fehlen einer Reue über die Tat;

g. seiner sozialen Haltung wegen wird Kain von den anderen gemieden und abgelehnt; gleichwohl scheint die Verurteilung Kains in gewisser Hinsicht ein Unrecht darzustellen; eher gebührt ihm Mitleid als Zurückweisung" (S. 259–260).

Maria Kassel geht einen anderen Weg. Sie deutet Gen 4,1–16 im Anschluss an *Carl Gustav Jung* als „Schattengeschichte". Die Aufgabe, vor der Kain steht, sei das in allen menschlichen Lebensphasen akute Problem, „wie der Mensch die ungestalteten, zum Chaotischen neigenden starken Energien der unbewußten Psyche zähmt, so daß sie konstruktiv dem Aufbau einer ganzheitlich-bewußten Psyche dienen" (S. 37). Kain verkörpere als älterer Bruder/

47

als Bauer die archaische Schicht der Psyche, die dem Naturhaft-Ungestalteten noch stark verhaftet sei (das Unbewusste, den Schatten). Abel, der jüngere Bruder/Hirte, stehe eher für die bewusste Schicht der Psyche, das „geistige Prinzip" (Abel = Windhauch = geistiges Prinzip), für Fähigkeiten wie das bewusste Führen, die ordnende Aufsicht, das Planen in die Zukunft hinein, die Veränderungsbereitschaft.

Für *Kassel* folgt daraus, dass um der menschlichen Entwicklung willen die Abelseite die Führung in der Psyche übernehmen müsste. Jedoch reiße die Kainseite die Führung an sich: „das Unbewußte wehrt das Bewußtwerden ab" (S. 38). Mit dem Brudermord befördere Kain sein bewußtes, zur Vernunft begabtes Ich ins Unbewußte zurück. „An die Stelle des Ich hat sich der Schatten gesetzt" (S. 39). Als einzigen tröstlichen Zug in der Geschichte sieht *Kassel* das Kainszeichen:

„Es verdeutlicht, daß auch der seinem Schatten anheimgefallene Mensch Kain das Zeichen des Selbst an sich trägt, das er werden soll. Sogar der, der sein bewußtes Ich erschlagen hat, kann noch zum vollständigen Menschen werden; aber er muß weit weg vom Ziel anfangen – Kain ist fern vom Herrn" (S. 41).

▧ Problematisch an der tiefenpsychologischen Auslegung ist zweierlei: Zum einen kennzeichnet sie sich in einer Person gegenüberstehenden Strebungen als gut oder böse, als positiv oder negativ. Dass aber Abel der gute Bruder sei und Kain der böse, davon sagt Gen 4,1– 16 nichts. Zum anderen lässt sie die Notizen Gen 4,1f außer acht.

In individualpsychologischer Sicht sind die Notizen zur Geschwisterkonstellation Gen 4,1f von erheblicher Bedeutung. Kain ist das ältere, Abel das jüngere Kind. *Alfred Adler* schreibt:

„Bei einer größeren Kinderzahl findet man den Erstgeborenen in einer einzigartigen Situation, die keines der anderen Kinder erlebt. Er ist eine Zeit lang einziges Kind und erfährt Eindrücke wie dieses. Verschiedene Zeit später wird er ‚entthront' [...] Die Zeit, die bis zu dieser ‚Entthronung' verstreicht, ist für den Eindruck und dessen Verarbeitung nicht gleichgültig. Sind es drei oder mehr Jahre, so fällt das Ergebnis in den bereits stabilisierten Lebensstil und wird in dessen Art beantwortet. Im allgemeinen vertragen verwöhnte Kinder diesen Wechsel ebenso schlecht wie etwa die Entwöhnung von der Mutterbrust. Ich muß aber feststellen, daß selbst ein einziges Jahr des Intervalls genügt, um die Spuren der Entthronung durch das ganze Leben sichtbar zu machen. Dabei muß auch der vom erstgeborenen Kinde bereits erworbene Lebensraum in Betracht gezogen werden wie auch die Einengung desselben, die es durch das zweite Kind erfährt [...] Vor allem auch, daß sich der ganze Vorgang, wenn das Zeitintervall nicht groß ist, ‚wortlos', ohne Begriffe, vollzieht, das heißt, einer Korrektur auch durch spätere Erfahrungen nicht zugänglich ist [...] Haßregungen oder auch Todeswünsche, die man gelegentlich antrifft, sind die uns wohlbekannten Kunstprodukte einer unrichtigen Erziehung des Gemeinschaftsgefühls und finden sich nur bei verwöhnten Kindern oft gegen das zweite Kind gerichtet" (S. 140f).

Die Entthronung Kains durch Abel, so ist im Anschluss an *Adler* zu sagen, führt zu einer Mangellage, in der sich Kain erlebt. Mit Abels Geburt ist Kain nicht länger einziges Kind. Abel beraubt ihn um die alleinige Beachtung, Liebe und Wertschätzung seiner Eltern. Die Nichtannahme seines Opfers bestätigt ihm die Erfahrung, weniger wert zu sein als sein Bruder. Kain wird unfähig zur Gemeinschaft mit Abel; sein Gemeinschaftsgefühl für seinen Bruder ist vollständig vom Gefühl seiner Minderwertigkeit ihm gegenüber überlagert („Da ergrimmte Kain sehr und senkte finster seinen Blick."). Zum einzigen Ziel („*Wozu* ergrimmst du? Und *wozu* senkst du finster deinen Blick?") wird ihm die Rückgewinnung des Thrones, um den erlebten Mangel auszugleichen. „Nicht Kooperation oder Mitarbeit heißt die Losung, sondern Kampf, Wettbewerb" („Und es begab sich, als sie auf dem Felde waren, erhob sich Kain wider seinen Bruder Abel und schlug ihn tot."). Kain wird zum Spielball „einer fehlgeleiteten Zielrichtung nach Überlegenheit über den anderen" (*Jochen Ellerbrock*), in einem Maße, dass er Herr über Abels Leben sein muss – und damit wie Gott sein muss, nach *Adler* die letzte Konsequenz des Überlegenheitsstrebens. In individualpsychologischer Sicht kann Kain schließlich die Frage Gottes „Wo ist dein Bruder Abel?" solange nicht anders als mit der Gegenfrage „Soll ich meines Bruders Hüter sein?" beantworten, bis ihm sein Ziel bewusst gemacht wird; Hüter seines Bruders zu sein, widerspricht seinem Streben nach Überlegenheit und kann entsprechend in seinem Lebensplan gar nicht vorkommen. Erst der Fluchspruch Gottes (V. 11f) führt Kain das unbewusste Ziel, das ihn leitet, vor Augen (er begreift, die Strafe ist zu schwer, als dass er sie tragen könnte). Er wird gewahr, in welch äußerste Distanz zum Leben und zu Gott ihn sein Streben gebracht hat: In der Ferne, im Verborgenen, unstet und flüchtig ist er schon und wird er sein. Jenseits von Eden muss sein Weg, neu zur Gemeinschaft zu finden, beginnen. Das Kainszeichen (V. 15) öffnet diesen Weg, indem es bleibende Gemeinschaft mit Gott anzeigt.

Das individualpsychologische Deutungsangebot, die Kain-und-Abel-Geschichte als Geschichte einer Enttrohnung des älteren Kindes zu lesen, erfährt Unterstützung durch den Vergleich von Gen 4,1–16 mit der Parabel vom verlorenen Sohn (Lk 15,11–32). Auch hier ist die Konstellation älteres Kind – jüngeres Kind anzutreffen.

Literatur:

Alfred Adler, Der Sinn des Lebens, Wien/Leipzig 1933, Nachdruck: Frankfurt/M. 1973; Eugen Drewermann, Strukturen des Bösen, Teil 2, Die jahwistische Urgeschichte in psychoanalytischer Sicht. Paderborner Theologische Studien 5, Paderborn [5]1985, S. 247–294; Jochen Ellerbrock, Adamskomplex. Alfred Adlers Psychologie als Interpretament christlicher Überlieferung, Erfahrung und Theologie 11, Frankfurt/M. 1985, S. 101–104; Maria Kassel, Sei, der du werden sollst. Tiefenpsychologische Impulse aus der Bibel, München 1982, S. 36–44; Leopold Szondi, Lehrbuch der experimentellen Triebdiagnostik. Band I. Textband, Bern/Stuttgart/Wien ([2]1960) [3]1972; ders., Kain. Gestalten des Bösen, Bern/Stuttgart/Wien 1969.

1.3. Zum Vergleich:
Die Parabel vom verlorenen Sohn (Lk 15,11–32)

Die Geschichte von den beiden Brüdern und ihrem Vater geht direkt auf Jesus zurück. Nur zweimal hat Lukas seine Vorlage erweitert, um die Freude des Vaters bei der Heimkehr seines Sohnes zu erklären: Tod hat sich in Leben verwandelt, Verlorensein in Gefundenwerden (V. 24 und 32). Gerade seine Ergänzung hat der Geschichte ihren berühmten Titel gegeben: Das Gleichnis vom verlorenen Sohn.

Der Wechsel vom jüngeren zum älteren Bruder im zweiten Teil des Gleichnisses (V. 25–32) ist stets aufgefallen. Schon 1904 hat *Julius Wellhausen* den Verdacht geäußert, der zweite Teil sei nachträglich angefügt worden. Besteht sein Verdacht zurecht, endete die ursprüngliche Geschichte mit dem Beginn eines Festes:

„(11) Und er sprach: Ein Mensch hatte zwei Söhne. (12) Und der jüngere von ihnen sprach zu dem Vater: Gib mir, Vater, das Erbteil, das mir zusteht. Und er teilte Hab und Gut unter sie. (13) Und nicht lange danach sammelte der jüngere Sohn alles zusammen und zog in ein fernes Land; und dort brachte er sein Erbteil durch mit Prassen. (14) Als er nun all das Seine verbraucht hatte, kam eine große Hungersnot über jenes Land, (15) und er fing an zu darben und ging hin und hängte sich an einen Bürger jenes Landes; der schickte ihn auf seinen Acker, die Säue zu hüten. (16) Und er begehrte, seinen Bauch zu füllen mit den Schoten, die die Säue fraßen; und niemand gab sie ihm. (17) Da ging er in sich und sprach: Wie viele Tagelöhner hat mein Vater, die Brot in Fülle haben, und ich verderbe hier im Hunger! (18) Ich will mich aufmachen und zu meinem Vater gehen und zu ihm sagen: Vater, ich habe gesündigt gegen den Himmel und vor dir. (19) Ich bin hinfort nicht mehr wert, dass ich dein Sohn heiße; mache mich zu einem deiner Tagelöhner! (20) Und er machte sich auf und kam zu seinem Vater. Als er aber noch weit entfernt war, sah ihn sein Vater, und es jammerte ihn; er lief und fiel ihm um den Hals und küsste ihn. (21) Der Sohn aber sprach zu ihm: Vater, ich habe gesündigt gegen den Himmel und vor dir; ich bin hinfort nicht mehr wert, dass ich dein Sohn heiße. (22) Aber der Vater sprach zu seinen Knechten: Bringt schnell das beste Gewand her und zieht es ihm an und gebt ihm einen Ring an seine Hand und Schuhe an seine Füße (23) und bringt das gemästete Kalb und schlachtet's; lasst uns essen und fröhlich sein! (24) Denn dieser mein Sohn war tot und ist wieder lebendig geworden; er war verloren ist gefunden worden. Und sie fingen an, fröhlich zu sein."

Die Geschichte beschreibt eine Alltagswelt, die Jesu Hörerinnen und Hörern vertraut war. Es ist nichts Ungehöriges an der Bitte des jüngeren Sohnes, der Vater möge die Erbteile vorzeitig aufteilen (deshalb aber braucht die Geschichte schon zu Beginn den älteren Sohn!). Das Ansinnen entsprach geltendem Recht. Die Abfindung, nach jüdischem Recht (Dtn 21,17) ein Drittel des Besitzes, die er Stück um Stück in Geld tauschte, ermöglichte es dem jüngeren Sohn, „in ein fernes Land" zu gehen. Er wusste jedoch, dass damit alle Rechte abgegolten waren. Würde er zurückkehren, hätte er keine Ansprüche mehr zu stellen.

Abb. 2:
Max Beckmann, Der verlorene Sohn, 1949, Öl auf Leinwand, 100 × 120 cm, Sprengel Museum Hannover.
© VG-Bild-Kunst, Bonn.

Eine erschreckende, aber letztlich doch mögliche Verkettung von selbst verschuldeten und unglücklich dazukommenden Umständen bringt dem Weggegangenen den Abstieg. Das Geld hat er fern der eigenen Heimat verprasst, gerade dieses Land wird von Hungersnot heimgesucht. Die Abhängigkeit vom Vater hat er hinter sich gelassen, nun ist er abhängig von einem Fremden. Dem selbstbestimmten Ausbruch aus alter Zeit steht scharf gegenüber, was ihm zu tun blieb: Schweinehüten. Seinem Wunsch, zu bekommen, worauf er Anspruch hat, steht schärfer noch gegenüber, was ihn nun noch treibt: Sattwerden von den Schoten des Johannisbrotbaumes. Als sei das alles noch nicht genug Not, steigert der Erzähler noch einmal seine Erzählung. Niemand gibt ihm vom Schweinefutter. Er kommt vor Hunger um. Ein jüdisches Sprichwort sagt: „Wenn die Israeliten Johannisbrot nötig haben, dann tun sie Buße." Der jüngere Sohn kehrt um, aber nicht aus Reue; die Rückkehr ist ein Zurück aus Not. Viel mehr als das blanke Überleben wird ihn zu Hause nicht erwarten. Doch an dieser Stellte durchbricht die Geschichte die gewohnte Wirklichkeit ihrer Hörerinnen und Hörer – das Gleichnis bekommt eine überraschende Wendung (das Kennzeichen einer Parabel!). Der Vater kommt der Rede seines Sohnes zuvor. Er setzt das geltende Recht außer Kraft, ersetzt es verschwenderisch durch Zeichen seiner Liebe: Umarmung und Kuss. Der Zurückgekehrte wird ausgestattet mit einem Kleid, das zeigt, er ist der Erste im Haus, mit dem Ring der Vollmacht und mit den Schuhen eines freien Menschen. Die Freude des Vaters findet ihren stärksten Ausdruck schließlich in einem Fest, das er für den heimgekehrten Sohn ausrichten lässt: Alle sollen seine Freude teilen. „Und sie fingen an, fröhlich zu sein."

In der ursprünglichen Parabel spielte der ältere Sohn keine Rolle. Seine Geschichte folgt in der Fortsetzung.

„(25) Aber der ältere Sohn war auf dem Feld. Und als er nahe zum Hause kam, hörte er Singen und Tanzen (26) und rief zu sich einen der Knechte und fragte, was das wäre. (27) Der aber sagte ihm: Dein Bruder ist gekommen und dein Vater hat das gemästete Kalb geschlachtet, weil er ihn gesund wiederhat. (28) Da wurde er zornig und wollte nicht hineingehen. Da ging sein Vater hinaus und bat ihn. (29) Er antwortete aber und sprach zu seinem Vater: Siehe, so viele Jahre diene ich dir und habe dein Gebot noch nie übertreten, und du hast mir nie einen Bock gegeben, dass ich mit meinen Freunden fröhlich gewesen wäre. (30) Nun aber, da dieser dein Sohn gekommen ist, der dein Hab und Gut mit Huren verprasst hat, hast du ihm das gemästete Kalb geschlachtet. (31) Er aber sprach zu ihm: Mein Sohn, du bist allezeit bei mir und alles, was mein ist, ist dein. (32) Du aber solltest fröhlich und guten Mutes sein; denn dieser dein Bruder war tot und ist wieder lebendig geworden, er war verloren und ist wiedergefunden."

Der ältere Bruder erkundigt sich bei einem Knecht, was das Singen und Tanzen zu bedeuten habe, und erhält eine angemessen formulierte Auskunft: sein Bruder sei zurückgekehrt, sein Vater habe das gemästete Kalb geschlachtet, er habe ihn gesund wieder. Die Rückkehr seines Bruders muss der ältere Sohn als Entthronung erleben; der Rückkehrer beraubt ihn um die Beachtung, Liebe und Wertschätzung seines Vaters. Nicht nur, dass er sich selbst nach dem Grund des Festes erkundigen muss, das geschlachtete Kalb als Zeichen der ungeteilten Freude seines Vaters (vom Kleid des Ersten, vom Ring des mit Vollmacht Ausgestatteten und von den Schuhen des Freien weiß er noch gar nichts!) bestätigt ihm wie Kain die Nichtannahme seines Opfers die Erfahrung der Minderwertigkeit (er wird es seinem Vater sagen: „Du hast mir nie einen Bock gegeben, dass ich mit meinen Freunden fröhlich gewesen wäre"). Er wird unfähig zur Gemeinschaft mit seinem Bruder und reagiert – ähnlich wie Kain („Da ergrimmte Kain sehr und senkte finster seinen Blick.") – mit Zorn und Verweigerung. Wieder scheiden Kooperation und Mitarbeit als Möglichkeiten, mit der erlebten Mangellage umzugehen, aus. Kampf und

Wettbewerb zeigen sich im Vorwurf an den Vater: viele Jahre habe er ihm gedient, nie sein Gebot übertreten. Äußerste Distanz zu seinem Bruder bringt der Entthronte nun zum Ausdruck: er verweigert dem Bruder den Namen und nennt ihn sarkastisch „dieser, dein Sohn". Zudem unterstellt er ihm, ohne es wissen zu können, er habe Hab und Gut mit Prostituierten verschwendet.

Dem Mord Kains steht im Gleichnis die Verweigerung des älteren gegenüber, seinen jüngeren Bruder anzunehmen: Ohne einen Namen lebt er nicht. Doch auch hier bleibt der Weg zurück in die Gemeinschaft offen. Die Vergewisserung der unbegrenzten Gemeinschaft mit dem Vater wird zur bleibenden Einladung an den älteren Sohn, zum Kreis der Feiernden, also auch zur Gemeinschaft mit seinem Bruder, zurückzukehren.

Die vergleichbaren Punkte der Kain-und-Abel-Geschichte und der Parabel vom verlorenen Sohn im Überblick:

	Gen 4,1–16	*Lk 15,11–32*
Das ältere Kind ist einziges Kind.	Kain ist einziges Kind vor Abels Geburt.	Der ältere Sohn ist einziges Kind vom Zeitpunkt des Weggangs des jüngeren Sohnes bis zum Zeitpunkt seiner Rückkehr.
Das ältere Kind wird entthront.	Durch Abels Geburt.	Durch die Rückkehr des jüngeren Sohnes.
Das Gefühl der Minderwertigkeit des Entthronten wird bestätigt.	Durch die Nichtannahme des Opfers.	Durch das Fest für den Zurückgekehrten.
Der Entthronte ist unfähig zur Gemeinschaft.	„Da ergrimmte Kain sehr und senkte finster seinen Blick."	„Da wurde er zornig und wollte nicht hineingehen."

	Gen 4,1–16	Lk 15,11–32
Das Ziel des Entthronten ist die Rückgewinnung des Thrones.	Durch den Brudermord.	Durch die Nichtannahme des Bruders (Verweigerung des Namens).
Die Rückkehr in die Gemeinschaft bleibt offen.	Durch das Kainszeichen.	Durch die Vergewisserung der unbegrenzten Gemeinschaft mit dem Vater.

Literatur:

Wolfgang Fenske, Ein Mensch hatte zwei Söhne. Das Gleichnis vom verlorenen Sohn in Schule und Gemeinde, Theologie für Lehrerinnen und Lehrer. Thema, Göttingen 2003; Wolfgang Harnisch, Die Gleichniserzählungen Jesu. Eine hermeneutische Einführung, UTB 1343, Göttingen [2]1990, S. 200–232.

1.4. Impulse für die Praxis

Eine Vorbemerkung von *Christoph Müller:*

„Wenn wir die Geschichte nicht von vornherein von uns wegschieben, beginnen wir meistens, irgendwo und irgendwie *mitzuspielen.* Bin ich Kain? Bin ich Abel? Oder bin ich Kain *und* Abel? Es ist eine Geschichte mit Widerhaken. Wer sie hört, aufmerksam, wer sie nicht bereits zu kennen glaubt, wird mit Widerspruch reagieren, mit Rückfragen jedenfalls. Manche Zuhörer und Zuhörerinnen der Erzählung werden vielleicht spüren, dass sie in den beiden Rollen von Abel oder Kain nicht mitspielen wollen. Ist es nicht, so werden sie fragen, eine Gewaltgeschichte, die sie, wenn sie schon mitspielen sollten, *anders* gestalten würden?"

1.4.1. Gottesdienst

Nach der evangelischen Lese- und Predigttextordnung wird Gen 4,1–16(a) als alttestamentliche Lesung und als Predigttext (Reihe IV) für den 13. Sonntag nach Trinitatis vorgeschlagen, nach der katholischen Leseordnung soll Gen 4,1–15.25(!) am Montag der 6. Woche im Jahreskreis gelesen werden.

Predigerinnen und Prediger wählen in aller Regel zwischen zwei Auslegungsmodellen aus: „Kain aufhalten" (seltener) oder „mit Kain leben" (*Martin Nicol* hat darauf hingewiesen).

1.4.1.1. „Kain aufhalten" ...

Manfred Josuttis unternimmt 1970 in einer Predigt Versuche, „Kain aufzuhalten". Sein Ziel (und Predigteinstieg):

„Ich möchte die Geschichte von Kain und Abel heute anders erzählen. Ich möchte sie nicht nur mit anderen Worten erzählen. Ich möchte sie so erzählen, daß in ihr auch etwas anderes geschieht. Ich möchte sie so erzählen, daß Kain seinen Bruder nicht erschlägt. Ich möchte sie so erzählen, daß Abel diesmal am Leben bleibt. Was muß ich dann tun? Was muß ich an dieser Geschichte ändern? Wie müssen sich die Menschen in dieser Geschichte ändern?"

Josuttis nimmt die Protestbewegungen am Ende der sechziger Jahre (auch) als den Versuch wahr,

„die Geschichte von Kain und Abel endlich zu einem guten Ende zu bringen. Kain soll nicht mehr Mörder und Abel soll nicht länger Opfer bleiben. Kain und Abel sollen auf einer freien Erde frei miteinander leben lernen. Wie kann das geschehen? Was müssen wir tun, damit die Geschichte von Kain und Abel anders verläuft?"

Der erste Versuch: „Wer die Geschichte von Kain und Abel anders erzählen will, der muß erzählen, daß die beiden Brüder von ihren Eltern andere Namen erhalten." Von Anfang an wachsen Kain (Eva nennt ihn „Mann") und

Abel („ein Hauch", „ein Nichts") in ihre Rollen hinein: der eine herrschsüchtig, gewalttätig, der andere zum lebenslangen Opfer bestimmt. Notwendig sei, so *Josuttis,* dass Eltern ihre Kinder erziehen, ohne sie – wie Adam und Eva – für ihre Zukunft „vorzuprogrammieren".

Der zweite Versuch: „Wer die Geschichte von Kain und Abel anders erzählen will, der müßte wohl auch erzählen, daß es zwischen Kain und Abel keine sozialen Unterschiede mehr gibt." *Josuttis* geht von den sozialen Unterschieden zwischen dem Nomaden (Schäfer) Abel und dem Grundbesitzer (Ackermann) Kain aus und fragt: „Verschwindet der Brudermord aus der Geschichte, wenn die Gleichheit der Menschen in der Gesellschaft verwirklicht wird? Gelingt durch Freiheit (von den Eltern) und Gleichheit (in der Gesellschaft) wahre Brüderlichkeit?"

Der dritte Versuch: „Wäre der Brudermord nicht passiert, wenn es Gott in der Geschichte nicht gäbe?" *Josuttis* fragt nach den Rollen Gottes und der Religion. Durch Annahme des einen Opfers und Verwerfung des anderen werden Kain und Abel zu Kampf und Krieg verführt:

„Werden die Menschen aufhören, sich zu befehden, werden sie lernen, ihre Konflikte rational zu bewältigen, wenn sie sich nicht mehr um überweltliche Mächte kümmern und nicht mehr ihrer Götter wegen in Streit geraten? Sollen wir um Abels und um Kains willen aufhören, von Gott zu erzählen?"

Gelänge alles, käme der Mensch dann aus seinen Rollen, entweder Mörder oder Opfer zu sein, heraus? Gott stehe auf der Seite Abels, auf der Seite der Nichtigen. Wer also durch eine Erziehung zur Freiheit, durch den Ausgleich von Lebensbedingungen Abel retten wolle, könne sich für sein Tun auf Gott berufen. Doch Gott stehe auch auf der Seite Kains, nicht des Mörders, aber des Menschen mit seinem Lebensrecht auf der Erde. Die Möglichkeit, Kain „auszurotten", um ihn loszuwerden, scheide aus. Daher müsse, wer die Geschichte von Kain und Abel verändern will, mit der paradoxen Forderung fertig werden: „Kain soll nicht Mörder bleiben. Aber Kain soll am Leben bleiben."

An den Schluss seiner Predigt stellt *Josuttis* die Frage nach der Rolle Jesu – und das Gebet (s. u., S. 60f): „Hat der die Geschichte verändert, der sich von Kain für Kain erschlagen ließ? Hat Jesus die Geschichte von Kain und Abel anders erzählt, indem er das Wort Liebe hineingebracht hat?"

1.4.1.2. ... oder „mit Kain leben"?

Eberhard Jüngel stellt die Frage „Wo ist dein Bruder Abel?" in seiner Predigt am 9. November 1978 in das Gedenken der Judenprogrome vierzig Jahre zuvor:

„Diese Frage bleibt: Wo ist dein Bruder Abel? Sie wird die Geschichte Deutschlands, sie wird uns Deutsche bis in das Jüngste Gericht begleiten. Die Stimme des jüdischen Blutes, das deutscher Rassenwahn vergossen hat, wird nicht aufhören, von der Erde zum Himmel zu schreien, solange es eine Erde gibt. Man kann sich zwar davor die Ohren verstopfen und kann sein Herz verhärten. Aber ersticken können wir diese Stimme nicht, nicht noch einmal. Und so können wir zwar auch diese einfachsten und bohrendsten aller Fragen verdrängen oder gar mit unglaublich dreisten Antworten von uns abzuwälzen versuchen. Aber erledigen, zum Verstummen bringen werden wir sie nicht. Selbst wenn kein Mensch mehr danach fragen sollte, wird doch der Gott, zu dem das vergossene Blut von der Erde empor schreit, nicht aufhören, so zu fragen: Was hast du getan? Wo ist dein Bruder Abel?"

Die Frage wurde, so *Jüngel,* mit der Progromnacht zur brennenden Frage nicht nur an die Augenzeugen („Von nun an spätestens war jeder ein Augenzeuge."), sondern viel mehr noch an die christliche Kirche: „Als die Synagogen in Flammen aufgingen, hätte auch diese Frage buchstäblich brennen müssen in den Herzen der Glaubenden: Wo ist dein Bruder Abel? Was hast du getan?" *Jüngel* leitet zur zentralen Frage seiner Predigt hin: „Seitdem sollten wir wissen, daß keine noch so große und gute Aufgabe und erst recht kein Erfolg dazu führen darf, daß wir der Frage ausweichen, die uns Gott selber stellt: Wo ist dein Bruder

Abel? Doch wer kann mit dieser Frage auf Dauer leben? Wer hält das aus? Ist es nicht eine grenzenlose Überforderung, für immer mit dieser Frage leben zu müssen?"

Sowohl, ein Leben lang im Büßergewand dazustehen, als auch die Flucht aus dem Antisemitismus von einst in einen schwärmerischen Philosemitismus seien zu einfache, die Frage verharmlosende Lösungen.

Für *Jüngel* bietet sich allein der Weg „an den Tisch Jesu Christi, zum Abendmahl des Lammes, das die Sünden der Welt trägt", an:

„Erst da, wo Sünde und Schuld vergeben wird, wird sie in ihrer ganzen Tiefe erkannt und bejahbar. Und erst da, wo Schuld in ihrer ganzen Tiefe und ihrem ganzen Gewicht erkannt und bejaht wird, kann man sich mit ihr auseinandersetzen, daß es unserer Gegenwart *zugute* kommt." Am Tisch Jesu Christi könne sich die Frage „Wo ist *dein* Bruder, was hast *du* getan?" verwandeln in die heilsame und höchst sensible Frage „Wo ist *mein* Bruder, was *soll* ich tun?"

Jüngels Predigt endet mit der Bestärkung:

„Am Tisch Jesu Christi löst sich die Zunge zum Bekenntnis unserer Schuld, unserer großen Schuld, denn am Tisch Jesu Christi können wir ungeniert aus der Tiefe nach dem Gott rufen, der sich Abels *und* Kains erbarmt. Das Mahl des Lammes, schreibt Luther, ist ein Mahl für Menschen mit dem Kainszeichen'. Es ist ein Mahl *für uns.* Amen."

1.4.1.3. ... im Gebet

Herr. Wir bitten dich um Abels willen:
für die Gefolterten in Südamerika,
für die am Krieg Leidenden in Vietnam und Kambodscha,
für die, die in der Tschechoslowakai die Wahrheit nicht sagen dürfen,
für die Farbigen in den Vereinigten Staaten,
für die Flüchtlinge in den Ländern Palästinas,
für die streitenden Religionsparteien in Irland,
für die nichtgeliebten Kinder in unserem Land.

Herr, hilf ihnen aus ihrer Not.
Mach uns und andere Menschen bereit, ihnen zu helfen.

Wir bitten dich um Kains willen:
für die Folterknechte und Kriegsgewinnler,
für die Unbelehrbaren,
für die Rassisten und Nationalisten,
für die, die Menschen zum Lügen zwingen,
für die, die ihren großen Besitz nicht aufteilen wollen,
für die Politiker, die ihre Macht missbrauchen,
für die Eltern, die ihre Kinder quälen.
Herr, befreie sie aus ihrer Verblendung.
Mach uns und andere Menschen bereit, ihnen zu helfen.

Wir bitten dich um Jesu Christi willen:
für uns,
dass wir aufhören, Angst zu haben,
und aufhören, andere Menschen zu hassen,
dass wir Liebe lernen
und Geduld und Vertrauen.

Dich, den Herrn aller Geschichte,
loben wir.
Zu dir, dem Heil aller Menschen,
rufen wir.
Herr, hilf.
Dann ist uns geholfen.

© Manfred Josuttis (1970)

Herr, mache mich zum Werkzeug deines Friedens:
dass ich Liebe übe, wo man sich hasst;
dass ich verzeihe, wo man sich beleidigt;
dass ich verbinde, wo Streit ist;
dass ich die Wahrheit sage, wo der Irrtum herrscht;
dass ich den Glauben bringe, wo der Zweifel drückt;
dass ich die Hoffnung wecke, wo Verzweiflung quält;
dass ich Licht entzünde, wo die Finsternis regiert;
dass ich Freude mache, wo der Kummer wohnt.

Herr, lass du mich trachten:
nicht, dass ich getröstet werde,
sondern dass ich andere tröste;
nicht, dass ich verstanden werden
sondern dass ich andere verstehe;

nicht dass ich geliebt werde,
sondern dass ich andere liebe.

Denn wer da hingibt, der empfängt;
wer sich selbst vergisst, der findet;
wer verzeiht, dem wird verziehen;
und wer stirbt, erwacht zum ewigen Leben.

Franz von Assisi zugeschrieben

Wir sind nicht Kain, Herr.
Wir haben unseren Bruder nicht erschlagen.
Aber unsere Worte sind oft scharf wie Messer.
Wir sind nicht Kain, Herr.
Wir haben keinen Stein gegen andere geworfen.
Aber in Gedanken haben wir sie abgeschrieben und mit
Blicken erniedrigt.
Wir sind nicht Kain, Herr.
An unseren Händen klebt kein Blut.
Doch aus Gleichgültigkeit und Blindheit haben wir die im
Stich gelassen, die unsere Hilfe nötig hatten.
Sei uns gnädig, Herr.

Heike Hilgendiek (2000), www.predigtpreis.de

Literatur:

Volker Drehsen, Zur Freiheit befreit im beschädigten Leben. Predigt
über Gen 4,1–16a am 13. Sonntag nach Trinitatis 1994, in: ders.,
Rechtfertigungsgeschichten. Protestantisch predigen, Gütersloh
2002, S. 128–135; Wolfgang Huber, Adam und Eva hatten zwei
Söhne. Predigt über Gen 4,1–16a am 19. November 1997, in: ders.,
Woran du dein Herz hängst. Bischofsworte in bewegter Zeit,
Gütersloh 2005, S. 179–184; Manfred Josuttis, Predigt über Gen

4,1–16 am 23. August 1970, in: ders., Reden, Träume, Fragen. Predigten aus der Zeit, München 1974, S. 86–93; Eberhard Jüngel, Predigt über Gen 4,9-10 am 9. November 1978, in: ders., Schmecken und Sehen, Predigten III, München 1983, S. 9–15; Christoph Müller, 13. Sonntag nach Trinitatis, 17. September 2000. Predigt über Genesis 4,1–16(und 17), in: Göttinger Predigten im Internet, www. predigten.uni-goettingen.de; Martin Nicol, 13. Sonntag nach Trinitatis. 17.9.2000. 1. Mose 4,1–16a, in: Göttinger Predigtmeditationen 89, 2000, S. 379–386.

1.4.2. Bibelgespräch

Teilnehmerinnen und Teilnehmer an einem Bibelgespräch verbinden mit der Kain-und-Abel-Geschichte das Thema „Brudermord". Ihr Vorverständnis hängt zumeist, wenn auch unbewusst, von der innerbiblischen Wirkungsgeschichte von Gen 4,1–16 ab: Kain repräsentiere das Böse, Abel das Gute. Auch das Evangelium für den 13. Sonntag nach Trinitatis, das Gleichnis vom barmherzigen Samariter (Lk 10,25–37), kann schnell zum Schlüssel werden, die alttestamentliche Lesung zu deuten; Gen 4,1–16 illustriert dann das 5. Gebot: Du sollst nicht töten. Weil der Text aber anderes und mehr zu entdecken bereithält, ist der folgende Einstieg für ein Bibelgespräch geeignet.

Nach dem Hören (!) der Geschichte (die Abweichungen von der Lutherübersetzung in Gen 4,6f sollten hier bereits eingeführt werden!) und einer Pause, in der sie wirken darf, hilft es den Teilnehmerinnen und Teilnehmern, wenn sie ausgewählte Textstellen mit folgenden Zeichen versehen (Västeras–Methode):

?   für unklare Stellen oder für Stellen, an denen weitergefragt werden soll
!   für wichtige Einsichten
→   für Stellen, die für die persönliche Situation bedeutsam sind

Unterstützt diese Methode die genaue Beobachtung, so können Vergleiche mit literarischen Bearbeitungen des Textes oder Bildbetrachtungen (vgl. die Darstellungen von *Rembrandt,* S. 42, und *Eberhard Szejstecki,* S. 71) einer vertieften Auseinandersetzung mit den überlieferten Erfahrungen dienen. Zwei Fragenkreise bieten sich an:

Wie wird die Kain-und-Abel-Geschichte in späteren Schriften der Bibel, insbesondere im Neuen Testament, gedeutet? Entspricht die Deutung dem Vorverständnis der Teilnehmerinnen und Teilnehmer? Entspricht die Deutung der ursprünglichen Erzählabsicht? Oder muss sie (vielleicht mit *Ursula Krechel*) korrigiert werden?

Überliefert die Kain-und-Abel-Geschichte grund-menschliche Erfahrung, ist sie „jedermanns Geschichte" (*John Steinbeck*)? Wie lässt sich dann „mit Kain leben"? Könnte sie noch einmal neu anfangen? Unter welchen Voraussetzungen kann Kains Frage „Soll ich meines Bruders Hüter sein?" (mit *Hilde Domin*) zu einem „Ich bin dein Hüter!" werden?

1.4.2.1. Die innerbiblische Wirkungsgeschichte ...

Die Geschichte von Kain und Abel hat verschiedene biblische Deutungen erfahren, zunächst in der Weisheits-literatur, später in den neutestamentlichen Schriften.

- Wie wird Kain in den folgenden Texten beschrieben?
- Wie wird Abel beschrieben?
- Stimmen Sie der Deutung zu?
- Entspricht die Deutung Gen 4,1–16?

Es lohnt, die einzelnen Wendungen aus den Texten herauszulösen, sie gegenüberzustellen und mit Gen 4,1–16 zu vergleichen:

Weisheit 10,1–3: „Die Weisheit behütete den Erster-schaffenen, den Vater der Welt, als er noch als einziger geschaffen war, und errettete ihn aus seinem Fall und gab ihm Kraft, über alles zu herrschen. Als aber ein Ungerechter in seinem Zorn von ihr abfiel, ging er in brudermörderischem Grimm zugrunde."

Kain: Ungerechter, Zorn, brudermörderischer Grimm

Mt 23,34f: „Darum: siehe, ich sende zu euch Propheten und Weise und Schriftgelehrte; und von ihnen werdet ihr einige töten und kreuzigen, und einige werdet ihr geißeln in euren Synagogen und werdet sie verfolgen von einer Stadt zur andern, damit über euch komme all das gerechte Blut, das vergossen ist auf Erden, von dem Blut des gerechten Abel an bis auf das Blut des Secharja, des Sohnes Berechjas, den ihr getötet habt zwischen Tempel und Altar."

Abel: gerecht

1Joh 3,11f: „Denn das ist die Botschaft, die ihr gehört habt von Anfang an, dass wir uns untereinander lieben sollen, nicht wie Kain, der von dem Bösen stammte und seinen Bruder umbrachte. Und warum brachte er ihn um? Weil seine Werke böse waren und die seines Bruders gerecht."

Kain: der von dem Bösen stammte, böse Werke
Abel: gerechte Werke

Hebr 11,4: „Durch den Glauben hat Abel Gott ein besseres Opfer dargebracht als Kain; deshalb wurde ihm bezeugt, dass er gerecht sei, da Gott selbst es über seinen Gaben bezeugte; und durch den Glauben redet er noch, obwohl er gestorben ist."

Abel: durch den Glauben ein besseres Opfer, gerecht

Hebr 12,22–24: „Sondern ihr seid gekommen zu dem Berg Zion und zu der Stadt des lebendigen Gottes, dem himmlischen Jerusalem, und zu den vielen tausend Engeln, und zu der Versammlung und Gemeinde der Erstgeborenen, die im Himmel aufgeschrieben sind, und zu

Gott, dem Richter über alle, und zu den Geistern der vollendeten Gerechten und zu dem Mittler des neuen Bundes, Jesus, und zu dem Blut der Besprengung, das besser redet als Abels Blut."

Abel – Jesus

Jud 10f: „Diese aber lästern alles, wovon sie nichts verstehen; was sie aber von Natur aus kennen wie die unvernünftigen Tiere, daran verderben sie. Weh ihnen! Denn sie gehen den Weg Kains und fallen in den Irrtum des Bileam um Gewinnes willen und kommen um in dem Aufruhr Korachs."

Kain – Bileam – Korach

1.4.2.2. ... und ihre Korrektur

Ursula Krechel korrigiert die seit der innerbiblischen Wirkungsgeschichte geläufige Zuschreibung, Kain stehe für das Böse, Abel für das Gute. Gewalttätig ist das Böse, gewalttätig werde das Gute mit dem Bösen fertig; Brudermord und Brüderlichkeit haben denselben Ursprung.

Textverderbnis
    Für die Toten auf dem Tian'anmen Platz 1989

I

Kain erschlug Abel
und Abel erschlug Kain
nur gewalttätig wird das Gute
mit dem Bösen fertig
fertig wird das Gute
wird fertig

ist fertiggeworden im Mord
Brudermord
nur eine leichte Abweichung der Brüderlichkeit

Ursula Krechel, Textverderbnis, in:
dies., Technik des Erwachens.
Gedichte, © Suhrkamp Verlag, Frank-
furt/M. 1992, S. (47–51) 47

Die Widmung gilt den Opfern des Massakers auf dem Platz des Himmlischen Friedens in Peking am 4. Juni 1989.

◉ Übt Abel Gewalt aus? Was bedeutet „Abel erschlug Kain"?
◉ Lassen sich Beispiele finden, die *Krechels* Korrektur Recht geben?
◉ Fallen Ihnen Beispiele ein, die *Krechel* widersprechen?

1.4.2.3. Jedermanns Geschichte ...

John Steinbeck interpretiert die Kain-und-Abel-Geschichte in seinem Roman „Jenseits von Eden" (1952), einer amerikanischen Familiengeschichte vom Ende des 19. Jahrhunderts bis in die Zeit des Ersten Weltkriegs, am Beispiel des Konflikts zwischen den Brüdern Cal und Aron Trask als „jedermanns Geschichte".

Lee sagte: „Sie erinnern sich, Mr. Hamilton, daß ich Ihnen erzählte, ich versuche, alte chinesische Gedichte ins Englische zu übertragen? Haben Sie keine Angst; ich lese ihnen nichts vor. Nun, dabei fand ich alte Verse, so frisch und klar wie dieser Morgen. Ich fragte mich, woher das komme. Natürlich ist es so, daß die Menschen nur Interesse für sich selbst aufbringen. Wenn eine Erzählung nicht vom Zuhörer selbst handelt, dann hört er ihr nicht zu. Und daraus leite ich ein Gesetz ab: Eine große, eine bleibende Erzählung muß von jedermann handeln, sonst bleibt sie nicht erhalten. Das Fernliegende und Befremdliche bietet kein Interesse, sondern nur das tief Persönliche und das Vertraute."

Samuel sagte: „Nun, wende das einmal auf die Kain-und-Abel-Erzählung an." Und Adam sagte: „Ich habe meinen Bruder nicht erschlagen ..." Er stockte plötzlich, und seine Gedanken wandten sich vergangener Zeit zu.

„Ich glaube, ich darf das", antwortete Lee auf Samuels Einwurf. „Es ist dies doch wohl die bekannteste Geschichte der Welt, denn sie ist jedermanns Geschichte. Sie ist die sinnbildliche Geschichte der menschlichen Seele. Lassen Sie mich langsam meinen Gedankengang weiterführen; gehen Sie nicht gleich auf mich los, wenn es nicht ganz klar herauskommt. Die größte Angst, die ein Kind befallen kann, ist die, nicht geliebt zu sein; die Verwerfung ist die Hölle, die es ängstigt. Jeder Mensch auf der Welt hat wohl in größerem oder kleinerem Maß solche Verwerfung verspürt. Und mit der Verwerfung kommt der Zorn, und mit dem Zorn stellt sich, als Rache für die Verwerfung, irgendeine Missetat ein, mit der Missetat aber Schuldgefühl – da haben Sie die Geschichte der Menschheit. Wenn die Verwerfung beseitigt werden könnte, so wäre der Mensch nicht das, was er ist. Vielleicht würde es weniger Wahnsinnige geben. Ich bin überzeugt, es würde dann nicht viele Gefängnisse geben. Darin liegt alles beschlossen, der Anfang, der Urbeginn. Ein Kind, dem die Liebe verweigert wird, nach der es sich sehnt, gibt der Katze einen Tritt und verhehlt sein Schuldbewußtsein; ein anderes stiehlt, um sich mittels Geld Liebe zu sichern; ein drittes erobert die Welt, immer wieder Schuld und Rache und weitere Schuld. Der Mensch ist das einzige Tier, das Schuldbewußtsein hat. Doch einen Augenblick! Darum eben meine ich, daß diese alte, schreckliche Geschichte so bedeutsam ist, weil sie das Weistum der Seele ist, der verborgenen, verworfenen, schuldbewußten Seele. Mr. Trask, Sie sagten, Sie hätten Ihren Bruder nicht erschlagen, und dann fiel Ihnen etwas ein. Ich will nicht wissen, was es war, aber war es gar so fern von Kain und Abel?"

John Steinbeck, Jenseits von Eden. Aus dem Amerikanischen von Harry Kahn, Deutscher Taschenbuch Verlag, München [9]1999, S. 334–336,
© Paul Zsolnay Verlag Wien 1992

- Stimmen Sie dem Gedankengang Lees zu? Angst – Verwerfung – Zorn – Rache – Schuld?
- Was tut der Mensch aus Angst, nicht geliebt zu sein? Was tut er, um eine verlorene Liebe (die verlorene Liebe Gottes?) zurückzugewinnen?
- Ist die Kain-und-Abel-Geschichte „jedermanns Geschichte"? Fallen Ihnen (eigene) Situationen ein, die nicht fern von Kain und Abel sind?
- Nach Gen 4,6 („Wozu ergrimmst du?") hatte Kain noch die Möglichkeit, seinen Leben zerstörenden Plan zu ändern. Wie hätte der Versuch, zu tun, was Gott will, aussehen können?
- Welche Bedeutung hat das Kainszeichen? Ist es „irritierende Erinnerung an den getöteten Abel" (*Erich Zenger*)? Ist es Zeichen der „Rechtfertigung für ein sinnlos gewordenes Leben" (*Eberhard Jüngel*)?

1.4.2.4 ... fängt noch einmal neu an

Hilde Domin bringt ihre Sehnsucht zur Sprache, die unaufhaltsame, Leben zerstörende Aggression möge aufgehalten werden, „damit es anders anfängt zwischen uns allen". Das Bild vom aufstehenden Abel lässt die Sehnsucht zur Vision werden, es könne tatsächlich anders werden.

> Abel steh auf
>
> Abel steh auf
> Es muß neu gespielt werden
> Täglich muß es neu gespielt werden
> täglich muß die Antwort noch vor uns sein
> die Antwort muß ja sein können
> Wenn du nicht aufstehst Abel
> wie soll die Antwort
> diese einzig wichtige Antwort
> sich je verändern
> wir können alle Kirchen schließen

und alle Gesetzbücher abschaffen
in allen Sprachen der Erde
wenn du nur aufstehst
und es rückgängig machst
die erste falsche Antwort
auf die einzige Frage
auf die es ankommt
steh auf
damit Kain sagt
damit er es sagen kann
Ich bin dein Hüter
Bruder
wie sollte ich nicht dein Hüter sein
Täglich steh auf
damit wir es vor uns haben
dies Ja ich bin hier
ich
dein Bruder
Damit die Kinder Abels
sich nicht mehr fürchten
weil Kain nicht Kain wird
Ich schreibe dies
ich ein Kind Kains
und fürchte mich täglich
vor der Antwort
die Luft in meiner Lunge wird weniger
wie ich auf die Antwort warte
Abel steh auf
damit es anders anfängt
zwischen uns allen
Die Feuer brennen
das Feuer das brennt auf der Erde
soll das Feuer von Abel sein
und am Schwanz der Raketen
sollen die Feuer von Abel sein.

Hilde Domin, Abel steh auf (1970),
in: dies., Gesammelte Gedichte,
© S. Fischer Verlag, Frankfurt/M. 1987, S. 364f

- Was könnte „Abel steh auf" konkret bedeuten?
- „Kain und Abel sollen auf einer freien Erde frei miteinander leben können" *(Manfred Josuttis)*. Was müsste geschehen, damit Kain sagen kann: „Ich bin dein Hüter/Bruder/wie sollte ich nicht dein Hüter sein"?
- Muss unsere Frage lauten: „Abel, wo ist dein Bruder Kain?" Müssen die „Abels" unserer Zeit (oder die Abel-Seite in uns?) die Voraussetzungen dafür schaffen, dass die „Kains" anders handeln können?

Eberhard Szejstecki hat mit der Skulptur „Kain und Abel" seiner Vision Gestalt gegeben.

Abb. 3: Eberhard Szejstecki, Kain und Abel, Terracotta bemalt, Höhe 41 cm, 2005. © Foto: Jochen Mönch, Bremen.

- Welche Gefühle löst die Skulptur bei Ihnen aus? Wer könnten – übertragen in unsere Zeit – die Brüder sein?
- Vergleichen Sie die Arbeit *Szejsteckis* mit *Hilde Domins* Gedicht.
- „Wo ist dein Bruder Abel?" – „Soll ich meines Bruders Hüter sein?": Frage – Gegenfrage – Antwort(?). Wer fragt, wer antwortet?

71

Als Anregung die folgenden Gedanken *Christa Wolfs:*

Ich habe auf einmal gemerkt, daß ich meine Finger ineinandergekrampft hatte, daß ich sie schwer voneinander lösen konnte und daß mir Schultern und Rücken schmerzten. Ich bin aufgesprungen und habe angefangen, Lockerungsübungen zu machen. Eine Melodie ist mir dabei in den Kopf gekommen, zu der sich nach einiger Zeit drei Worte einstellten: „... die ich lange sah ..." Ich konnte den ganzen Text nicht finden, weil sich immer wieder eine Frage in den Vordergrund meiner Gedanken schob: Wo ist dein Bruder Abel? – Wer fragt? Wer stellt sich, auf meiner inneren Bühne, dieser Leib und Lebensfrage? Wer wagt die Gegenfrage: Soll ich meines Bruders Hüter sein?

Wie angewurzelt habe ich mitten in der Küche gestanden, und zum erstenmal habe ich begriffen, daß der zweite, der Gegenfrager, sich nicht verstellt. Nicht die Antwort schon weiß. Nein. Tief erstaunt, überrascht steht er da in der Wüste und fragt: Soll ich meines Bruders Hüter sein? Das wäre neu. Und, falls die Antwort „Ja!" lauten sollte, bestürzend genug. Ob Kain danach einfach weitermachen kann wie davor? Mißgünstig; neidisch; gierig nach der Erstgeburt, das heißt: nach der alleinigen Liebe des Vaters und nach ihrer Verkörperung, dem Besitz –

Christa Wolf, Störfall. Nachrichten eines Tages, Aufbau–Verlag Berlin/Weimar 1987, S. 82f. Sammlung Luchterhand 1987.
© Luchterhand Literaturverlag München.
Alle Rechte bei und vorbehalten durch Suhrkamp Verlag, Frankfurt/M.

Weitere literarische Verarbeitungen von Gen 4,1–16 finden sich in: Herbert Vinçon, Spuren des Wortes. Biblische Stoffe in der Literatur. Materialien für Predigt, Religionsunterricht und Erwachsenenbildung, Bd. III, Altes Testament, Stuttgart 1990, S. 181–210.

1.4.3. Unterricht

In der Grundschule sei Kain „vom unbarmherzigen Bann der Pädagogen" getroffen, stellt *Hans-Jürgen Herrmann* fest. Tatsächlich kommt Gen 4,1–16 sowohl in evangelischen als auch in katholischen Lehrplänen für die Grundschule kaum vor. Die Geschichte wird in der Regel in eine Einheit „Streiten – sich vertragen" für die Sekundarstufe I eingebunden. Erprobungen in der Schulpraxis zeigen jedoch, dass sich bereits Schülerinnen und Schüler der Klassenstufen 1–4 die Kain-und-Abel-Geschichte als Geschwistergeschichte aneignen können (das zeigt schon die von *Herrmann* zitierte Äußerung eines Siebenjährigen: „Zu meinem Bruder hätt' ich noch nie so was getan!").

1.4.3.1. Der eigene Ort in der Geschichte

Das ältere Kind war eine Zeit lang ein Einzelkind. Es durchlebte und erfuhr eine Lebensphase, die jüngere Geschwister nicht kennen. Das Erstellen eines Familienstammbaums, bei dem Geschwisterreihen dem Alter nach von links nach rechts aufgelistet werden (falls möglich auch der Eltern und Großeltern), hilft, verschiedenen Lebensphasen wahrzunehmen – mindestens nimmt das ältere Kind die eigenen Lebensphasen, das jüngere oder jüngste Kind die des älteren oder ältesten Kindes wahr. Dabei ist zunächst nur entscheidend, dass es eine erste, den anderen fremde Lebensphase gab, nicht aber, ob Erinnerungen an diese Phase beim älteren Kind abrufbar sind (diese können später in das „Gespräch mit Kain" einfließen).

Ein zweiter Stammbaum, jetzt der biblischen Familie, dient dazu, dass Schülerinnen und Schüler die für sie wichtige Zentralfigur der Geschichte auswählen können. Es wird die Figur sein, die den gleichen Ort im Stammbaum hat wie die Schülerin oder der Schüler im eigenen Stammbaum. Bereits an dieser Stelle ist die ausgewählte Zentralfigur zum (noch stillen) Gesprächspartner geworden. Kain begegnet der Schülerin oder dem Schüler direkt, wenn sie oder er selbst älteres Kind (oder auch Einzelkind) ist, indirekt über Abel, wenn sie oder er jüngeres, oder über Set, wenn sie oder er jüngstes Kind ist. Die Einstiegsfrage soll also lauten:

Wo ist mein Ort in der Geschichte?

Adam & Eva

Kain & ? (Gen 4,17)   Abel   Set & ? (Gen 4,25f)

Henoch   Enosch

1.4.3.2. Mit Kain sprechen

Vorausgesetzt wird, dass Kain durch sein Erleben und Verhalten auf Fragen der Schülerinnen und Schüler antwortet. Nachdem die Schülerinnen und Schüler ihren eigenen Ort in der Geschichte gefunden haben, kann jede Antwort, die Kain gibt, im gleichen Moment zur Frage nach dem eigenen Erleben und Verhalten der Schülerin oder des Schülers werden. Weil mögliche Antworten Kains zunächst allein aus seinem im Text beschriebenen Verhalten zu gewinnen sind, ist es sinnvoll, alle diejenigen Stellen des Textes sichtbar zu machen (z.B. durch Unterstreichen, als Folge von Bildern oder Standbildern oder mit Hilfe von Figuren auf einer Tuchlandschaft oder einem Wandbild), an denen Kain handelt. Ist das Antwortmaterial gesichert (ein guter Schutz gegen textfremde Einfälle!), können die Schülerinnen und Schüler Kain befragen. In einem ersten Gesprächsgang darf Kain nur mit dem gesicherten Material antworten, später dürfen die Antworten dem gesicherten Material nicht widersprechen. Ziel ist es, dass die Schülerinnen und Schüler, indem sie sich von Kains Antworten immer wieder selbst befragen lassen, zu einer erweiterten

Wahrnehmung ihres je eigenen Erlebens und Verhaltens gelangen.

Die Schülerinnen und Schüler formulieren ihre Fragen an Kain selbständig, sollen sich aber an den folgenden drei Gesprächsgängen orientieren.

Ein *erster Gesprächsgang* gilt Kains Einstellungen zu seinem Bruder, zu sich selbst und zu Gott.

- ◉ Welche Einstellung (Was fühlt er? Was denkt er? Was tut er?) hat Kain zu Abel?
- ◉ Welche Einstellung hat Kain zu sich selbst und zu der Rolle, die er spielt?

Antworten der Geschichte:

- – Kain ergrimmt sehr und senkt finster seinen Blick.
- – Kain spricht zu Abel: „Lass uns aufs Feld gehen!"
- – Kain erhebt sich wider Abel.
- – Kain schlägt Abel tot.
- – Kain antwortet auf Gottes Frage „Wo ist dein Bruder Abel": „Ich weiß es nicht."
- – Kain fragt: „Soll ich meines Bruders Hüter sein?"

- ◉ Welche Einstellung hat Kain zu Gott?

Neben den bereits genannten Antworten:

- – Kain spricht zu Gott: „Meine Strafe ist zu schwer, als dass ich sie tragen könnte. Siehe, du vertreibst mich heute vom Acker, und ich muss mich vor deinem Angesicht verbergen und muss unstet und flüchtig sein auf Erden. So wird mir's gehen, dass mich totschlägt, wer mich findet."
- – Kain geht hinweg von dem Angesicht Gottes und wohnt im Land Nod, jenseits von Eden, gegen Osten.

Indem die Schülerinnen und Schüler Kains Antworten in einem direkten Dialog in ihnen vertraute Sprache oder in einem indirekten Dialog durch Gestaltung übersetzen, kommen Wahrnehmungen der je eigenen Wirklichkeit zur Sprache (Was fühle ich? Was denke ich? Was tue ich? – einmal in der Rolle des Kain oder seiner Brüder, ein anderes Mal in der Erinnerung an selbst erlebte Situationen). Wenn sich die Schülerinnen und Schüler dabei in der Wahrnehmung ihres eigenen Erlebens und Verhaltens erkannt und geachtet wissen, ist der Weg hin zu einer kritischen Wahrnehmung offen (Wie geht es mir mit meinem Fühlen, Denken, Tun? Will ich das, was ich tue?).

Ein *zweiter Gesprächsgang* dient der Frage, wozu (nicht warum!) Kain sich wie im Text beschrieben verhält. Hier sei an die theologische Erschließung (vgl. oben 1.1.) erinnert:

■ Das hebräische lammah/lamah in Gen 4,6, zumeist mit „warum" übersetzt, fragt nicht nach in der Vergangenheit liegenden Gründen für ein Handeln, sondern nach bewussten oder unbewussten Zielen des Handelnden: „Wozu ergrimmst du? Und wozu senkst du deinen Blick?" Die Kain-und-Abel-Geschichte ist daher keine Warum-Geschichte (so *Rainer Oberthür*), sondern eine Wozu-Geschichte!

● Welches Ziel will Kain erreichen? Mögliche Antwortversuche: Kains Ziel ist es,

– Herr über Abels Leben zu sein.

– (wieder) allein die ganze Liebe seiner Eltern zu bekommen.

– wie Gott zu sein.

Die Frage Kains an die Schülerinnen und Schüler lautet entsprechend: „Welches Ziel willst *du* erreichen? Was tust *du,* um dein Ziel zu erreichen?"

Ein *dritter Gesprächsgang* schließlich fragt nach Möglichkeiten einer Zielkorrektur.

● Wäre ein anderes Ziel für Kain denkbar gewesen? Hätten sich, von einem korrigierten Ziel aus gesehen, Handlungsalternativen angeboten? Sind für die Schülerinnen und Schüler andere Ziele denkbar? Bieten sich Alternativen für ihr eigenes Handeln an?

Die möglichen Wahrnehmungen von Schülerinnen und Schülern, ein im Nachhinein als falsch erkanntes Ziel angestrebt zu haben und entsprechend schadvolle Mittel der Zielerreichung eingesetzt zu haben, oder auch die Wahrnehmungen, aufgrund dauerhafter, den eigenen Wert in Frage stellender Erfahrungen das eigene Ziel nicht korrigieren und die Mittel der Zielerreichung nicht ändern zu können, schließlich auch dahinter liegende Erfahrungen von eigener Gottvergessenheit oder der Verborgenheit Gottes verlangen nach einem Raum, in dem sie zur Sprache kommen. Mit Kain zu beten, eröffnet einen Raum, in dem Erfahrungen von Schuld und Angst oder Anklage und Klage ausgesprochen werden können.

1.4.3.3. Mit Kain beten

Schulpraktische Erprobungen (reflektiert von *Lena Kuhl*) zeigen, dass Schülerinnen und Schüler in ein Gebet Kains eigene Erfahrungen einfließen lassen. In Gebeten neun- und zehnjähriger Schülerinnen und Schüler, das Kain am Ende der Geschichte spricht, finden sich Formulierungen wie

— „Lieber Gott, ich wollte das nicht. Ich wollte Abel nicht töten."
— „Warum hast du mein Schaf nicht angenommen?"
— „Kannst du Abel nicht wieder auf die Welt bringen?"
— „Mein Leben ist kein Leben mehr. Warum musste ich Abel töten?"
— „Warum muss ich um die Erde irren? Ich möchte zurück nach Hause."

Die Gebete thematisieren vor allem Erfahrungen von Schuld („ich wollte das nicht") und die Klage („Mein Leben ist kein Leben mehr.").

Zielkorrekturen und Handlungsalternativen könnten in einem Gebet formuliert werden, dass Kain vor seiner Tat spricht.

Literatur:

Horst Klaus Berg, Altes Testament unterrichten: neunundzwanzig Unterrichtsvorschläge, München/Stuttgart 1999, S. 67–72 („Kain und Abel – Gewalt zerstört Leben" [5./6. Klasse]); Agnes Bohlen u.a., Kain und Abel, die Geschichte vom Menschen. Ein Versuch, sich Gen 4,1–16 vertraut zu machen, in: Katechetische Blätter 7–8/1992, S. 523–531; Hans Heller, Soll ich meines Bruders Hüter sein? Genesis 4,1–16. Unterrichtsvorschläge für das 7./8. Schuljahr, in: Schönberger Hefte 4/1993, S. 23–26; Hans-Jürgen Herrmann, „Zu meinem Bruder hätt ich noch nie so was getan!" Zweitklässler über Kain und Abel (Genesis 4), in: Gerhard Büttner/Martin Schreiner (Hg.), „Man hat immer ein Stück Gott in sich." Mit Kindern biblische Geschichten deuten, Jahrbuch für Kindertheologie, Sonderband, Teil 1: Altes Testament, Stuttgart 2004, S. 31–45; Matthias Küsters/Sabine Meyers, Kain und Abel. Um Leben und Tod, Religion betrifft uns 5/2001 (Sekundarstufe I+II); Lena Kuhl, Zugänge zum Gebet am Beispiel von Kain und Abel, in: Loccumer Pelikan 4/2005, S. 165–168; Rainer Oberthür, „Warum gibt es Krieg?". Eigene und unterrichtliche Begegnungen zur Geschichte von Kain und Abel, in: ders., Kinder fragen nach Leid und Gott. Lernen mit der Bibel im Religionsunterricht. Ein Praxisbuch, München 1998, S. 51–82.

2. Das jüngere Kind:
Jakob und Esau (Gen 25,19–34; 27,1–45)

„(25,19–34) Dies ist das Geschlecht Isaaks, des Sohnes Abrahams: Abraham zeugte Isaak. (20) Isaak aber war vierzig Jahre alt, als er Rebekka zur Frau nahm, die Tochter Betuels, des Aramäers aus Mesopotamien, die Schwester des Aramäers Laban. (21) Isaak aber bat Jahwe für seine Frau, denn sie war unfruchtbar. Und Jahwe ließ sich erbitten, und Rebekka, seine Frau, ward schwanger. (22)

Und die Kinder stießen sich miteinander in ihrem Leib. Da sprach sie: Wenn's mir so gehen soll, warum [wozu] bin ich schwanger geworden? Und sie ging hin, Jahwe zu befragen. (23) Und Jahwe sprach zu ihr: Zwei Völker sind in deinem Leibe, und zweierlei Volk wird sich scheiden aus deinem Leibe; und ein Volk wird dem anderen überlegen sein, und der Ältere wird dem Jüngeren dienen. (24) Als nun die Zeit kam, dass sie gebären sollte, siehe, da waren Zwillinge in ihrem Leibe. (25) Der erste, der herauskam, war rötlich, ganz rau, wie ein Fell, und sie nannten ihn Esau. (26) Danach kam heraus sein Bruder, der hielt mit seiner Hand die Ferse des Esau, und sie nannten ihn Jakob. Sechzig Jahre alt war Isaak, als sie geboren wurden. (27) Und als nun die Knaben groß wurden, wurde Esau ein Jäger und streifte auf dem Felde umher, Jakob aber ein gesitteter Mann und blieb bei den Zelten. (28) Und Isaak hatte Esau lieb [lieber] und aß gern von seinem Wildbret; Rebekka aber hatte Jakob lieb.

(29) Und Jakob kochte ein Gericht. Da kam Esau vom Feld und war müde (30) und sprach zu Jakob: Lass mich essen das rote Gericht [Lass mich doch schlingen von dem Roten, dem Roten da]; denn ich bin müde. Daher heißt er Edom. (31) Aber Jakob sprach: Verkaufe mir heute deine Erstgeburt. (32) Esau antwortete: Siehe, ich muss doch sterben [ich sterbe fast vor Hunger]; was soll mir da die Erstgeburt? (33) Jakob sprach: So schwöre mir zuvor. Und er schwor ihm und verkaufte so Jakob seine Erstgeburt. (34) Da gab ihm Jakob Brot und das Linsengericht, und er aß und trank und stand auf und ging davon. So verachtete Esau seine Erstgeburt."

Abb. 4: Rembrandt van Rijn, Esau verkauft sein Erstgeburtsrecht an Jakob für ein Linsengericht, Feder- und Pinselzeichnung, 20 × 17,3 cm, um 1648–1650, London, British Museum.

„(27,1–45) Und es begab sich, als Isaak alt geworden war und seine Augen zu schwach zum Sehen wurden, rief er Esau, seinen älteren Sohn, und sprach zu ihm: Mein Sohn! Er aber antwortete ihm: Hier bin ich. (2) Und er sprach: Siehe, ich bin alt geworden und weiß nicht, wann ich sterben werde. (3) So nimm nun dein Gerät, Köcher und Bogen, und geh aufs Feld und jage mir ein Wildbret (4) und mach mir ein Essen, wie ich's gern habe, und bring mir's herein, dass ich esse, auf dass dich meine Seele segne, ehe ich sterbe. (5) Rebekka aber hörte diese Worte, die Isaak zu seinem Sohn Esau sagte. Und Esau ging hin aufs Feld, dass er ein Wildbret jagte und heimbrächte.

(6) Da sprach Rebekka zu Jakob, ihrem Sohn: Siehe, ich habe deinen Vater mit Esau, deinem Bruder, reden hören: (7) Bringe mir ein Wildbret und mach mir ein Essen, dass ich esse und dich segne vor Jahwe, ehe ich sterbe. (8) So höre nun, mein Sohn, auf mich und tu, was ich dich heiße. (9) Geh hin zu der Herde und hole mir zwei gute Böcklein, dass ich deinem Vater ein Essen davon mache, wie er's gerne hat. (10) Das sollst du deinem Vater hineintragen, dass er esse, auf dass er dich segne vor seinem Tod. (11) Jakob aber sprach zu seiner Mutter Rebekka: Siehe, mein Bruder Esau ist rau, doch ich bin glatt; (12) so könnte vielleicht mein Vater mich betasten, und ich würde vor ihm dastehen, als ob ich ihn betrügen wollte, und brächte über mich einen Fluch und nicht einen Segen. (13) Da sprach seine Mutter zu ihm: Der Fluch sei auf mir, mein Sohn; gehorche nur meinen Worten, geh und hole mir. (14) Da ging er hin und holte und brachte es seiner Mutter. Da machte seine Mutter ein Essen, wie es sein Vater gerne hatte, (15) und nahm Esaus, ihres älteren Sohnes, Feierkleider [Lieblingskleider?], die sie bei sich im Hause hatte, und zog sie Jakob an, ihrem jüngeren Sohn. (16) Aber die Felle von den Böcklein tat sie ihm um seine Hände und wo er glatt war am Halse. (17) Und so gab sie das Essen mit dem Brot, wie sie es gemacht hatte, in die Hand ihres Sohnes Jakob.

(18) Und er ging hinein zu seinem Vater und sprach: Mein Vater! Er antwortete: Hier bin ich. Wer bist du, mein Sohn? (19) Jakob sprach zu seinem Vater: Ich bin Esau, dein erstgeborener Sohn; ich habe getan, wie du mir gesagt hast. Komm nun, setze dich und iss von meinem Wildbret, auf dass mich deine Seele segne. (20) Isaak aber sprach zu seinem Sohn: Wie hast du so bald gefunden, mein Sohn? Er antwortete: Jahwe, dein Gott, bescherte mir's. (21) Da sprach Isaak zu Jakob: Tritt herzu, mein

Sohn, dass ich dich betaste, ob du mein Sohn Esau bist oder nicht. (22) So trat Jakob zu seinem Vater Isaak. Und als er ihn betastet hatte, sprach er: Die Stimme ist Jakobs Stimme, aber die Hände sind Esaus Hände. (23) Und er erkannte ihn nicht; denn seine Hände waren rau wie Esaus, seines Bruders, Hände. Und er segnete ihn (24) und sprach: Bist du mein Sohn Esau? Er antwortete: Ja, ich bin's. (25) Da sprach er: So bringe mir her, mein Sohn, zu essen von deinem Wildbret, dass dich meine Seele segne. Da brachte er's ihm und er aß; und er trug ihm auch Wein hinein und er trank. (26) Und Isaak, sein Vater, sprach zu ihm: Komm her und küsse mich, mein Sohn! (27) Er trat hinzu und küsste ihn. Da roch er den Geruch seiner Kleider und segnete ihn und sprach: Siehe, der Geruch meines Sohnes ist wie der Geruch des Feldes, das Jahwe gesegnet hat. (28) Gott gebe dir vom Tau des Himmels und von der Fettigkeit der Erde und Korn und Wein die Fülle. (29) Völker sollen dir dienen, und Stämme sollen dir zu Füßen fallen. Sei ein Herr über deine Brüder, und deiner Mutter Söhne sollen dir zu Füßen fallen. Verflucht sei, wer dir flucht; gesegnet sei, wer dich segnet!

(30) Als nun Isaak den Segen über Jakob vollendet hatte und Jakob kaum hinausgegangen war von seinem Vater Isaak, da kam Esau, sein Bruder, von seiner Jagd (31) und machte auch ein Essen und trug's hinein zu seinem Vater und sprach zu ihm: Richte dich auf, mein Vater, und iss von dem Wildbret deines Sohnes, dass mich deine Seele segne. (32) Da antwortete ihm Isaak, sein Vater: Wer bist du? Er sprach: Ich bin Esau, dein erstgeborener Sohn. (33) Da entsetzte sich Isaak über die Maßen sehr und sprach: Wer? Wo ist denn der Jäger, der mir gebracht hat, und ich habe von allem gegessen, ehe du kamst, und hab ihn gesegnet? Er wird auch gesegnet bleiben. (34) Als Esau diese Worte seines Vaters hörte, schrie er laut und wurde über die Maßen sehr betrübt und sprach zu seinem Vater: Segne mich auch, mein Vater! (35) Er aber sprach: Dein Bruder ist gekommen mit List und hat deinen Segen weggenommen. (36) Da sprach er: Er heißt mit Recht Jakob,

denn er hat mich nun zweimal überlistet. Meine Erstgeburt hat er genommen und siehe, nun nimmt er auch meinen Segen. Und er sprach: Hast du mir denn keinen Segen vorbehalten? (37) Isaak antwortete und sprach zu ihm: Ich habe ihn zum Herrn über dich gesetzt, und alle seine Brüder hab ich ihm zu Knechten gemacht, mit Korn und Wein hab ich ihn versehen; was soll ich nun dir noch tun, mein Sohn? (38) Esau sprach zu seinem Vater: Hast du denn nur einen Segen, mein Vater? Segne mich auch, mein Vater! Und er erhob seine Stimme und weinte. (39) Da antwortete Isaak, sein Vater, und sprach zu ihm: Siehe, du wirst wohnen ohne Fettigkeit der Erde und ohne Tau des Himmels von oben her. (40) Von deinem Schwerte wirst du dich nähren [sollst du leben], und deinem Bruder sollst du dienen. Aber es wird geschehen, dass du einmal sein Joch von deinem Halse reißen wirst.

(41) Und Esau war Jakob gram um des Segens willen, mit dem ihn sein Vater gesegnet hatte, und sprach in seinem Herzen: Es wird die Zeit bald kommen, dass man um meinen Vater Leid tragen muss; dann will ich meinen Bruder Jakob umbringen. (42) Da wurden Rebekka angesagt diese Worte ihres älteren Sohnes Esau. Und sie schickte hin und ließ Jakob, ihren jüngeren Sohn, rufen und sprach zu ihm: Siehe, dein Bruder Esau droht dir, dass er dich umbringen will. (43) Und nun höre auf mich, mein Sohn: Mach dich auf und flieh zu meinem Bruder Laban nach Haran (44) und bleib eine Weile bei ihm, bis sich der Grimm deines Bruders legt (45) und bis sein Zorn wider dich sich von dir wendet und er vergisst, was du ihm getan hast; dann will ich schicken und dich von dort holen lassen. Warum [Wozu] sollte ich euer beider beraubt werden auf einen Tag?"

2.1. Theologische Erschließung

Gen 25,19–34 leitet die Jakob-Esau-Geschichte (oder anders: die Erzählungen vom Erzvater Isaak) ein, die mit dem Begräbnis Isaaks 35,29 endet. Der Abschnitt erinnert an den Beginn der Abraham-Erzählungen Gen 11,27–32, allerdings: mit Jakob und Esau werden Zwillinge geboren. Der Konflikt der Brüder beginnt, bevor sie zur Welt kommen. Mit der Frage Rebekkas nach ihrer Aufgabe und der geheimnisvollen Antwort Jahwes (V. 22f) soll deutlich werden, dass das individuelle Geschehen zwischen den Brüdern auf den Völkerkonflikt zwischen Israel und Edom vorausweist und der Sieg Israels schon in der Vorzeit begründet ist (*Claus Westermann,* S. 503).

V. 19–21: Rebekkas aramäische Herkunft wird betont. Der älteste Knecht Abrahams hatte sie von Haran zu Isaak nach Kanaan gebracht (Gen 24). Sie kehrte nie in ihre Heimat zurück; wie bereits Abraham, Sara und Isaak wurde sie in der Höhle in Machpela begraben (Gen 49,31). Bei seiner Heirat mit Rebekka war Isaak vierzig, bei der Geburt der Söhne sechzig Jahre alt; zwanzig Jahre lang blieb die Ehe demnach kinderlos.

V. 22–23: Rebekka fragt sicher nicht nach dem Warum des vorgeburtlichen Gerangels, sondern – im Blick auf die Antwort Jahwes formuliert – nach dem Wozu, nach ihrer zukünftigen Aufgabe (*Horst Seebass,* S. 270): der Ältere (oder: Größere) werde dem Jüngeren (oder: Kleineren) dienen. Als Vorausschau auf das individuelle Geschehen bleibt die Antwort ebenso seltsam wie als Vorausschau auf den Völkerkonflikt, denn weder wird Esau Jakob dienen, noch wird Edom zu irgendeinem Zeitpunkt größer als Israel sein.

V. 24–26: Entscheidend bei der Zwillingsgeburt ist die Reihenfolge, die das Erstgeburtsrecht festlegt. Vor allem im Erbrecht kommt es zum Tragen: Dtn 21,17 besagt, dass das Erbteil des Erstgeborenen doppelt so groß wie das seiner Brüder sein soll (vgl. oben S. 52, zu Lk 15,11–32).

Dass Jakob Esau bei der Geburt an der Ferse hält, ist kaum Zeichen eines Kampfes um die Erstgeburt, sondern vielmehr sicherer Beleg für die Erstgeburt Esaus. Vergleichbar ist die Geburt der Zwillinge Perez und Serach in Gen 38,27–30; hier dient ein um die Hand des zuerst Geborenen gebundener Faden als Beleg.

Der Name Esau lässt sich nicht ableiten. Die Hinweise, Esau war „rötlich" (hebr. admoni) und „rau wie ein Fell" (hebr. sear), spielen auf Edom und das Gebirge Seir als das Land Edoms an.

Der Name Jakob (hebr. Jaakov) ist zunächst vom hebräischen Wort akev für „Ferse" abgeleitet, erst später (Gen 27,36) von akav für „betrügen". Von einem Betrug(-sversuch) ist in der Geburtserzählung noch nicht die Rede (Hosea 12,4 geht davon aus).

V. 27–28: Die Berufsangaben lassen keine weitreichenden Deutungen zu, die Berufswahlen Jäger und Hirte entsprechen den individuellen Neigungen. Allerdings gilt das Wohnen in Zelten als kultiviert, anders als das Übernachten im Freien, das die Jagd mit sich brachte. „[D]ie Vorliebe von Vater und Mutter (vgl. Gen 37) richtet sich auf die persönliche Art: die Mutter liebt den ‚häuslichen' Sohn, und auf den Beruf: Der Vater liebt Esau wegen des Ertrags der Jagd" (*Westermann, S.* 506–507).

V. 29–34: Die kurze Erzählung vom Linsengericht muss verwundern. Sie steht in deutlichem Widerspruch zu Gen 27,1–45; ist dort das Bemühen Esaus um den Erstgeburtssegen überdeutlich, so missachtet Esau hier den hochgeachteten Wert des Erstgeburtsrechts für den kleinen Vorteil einer Mahlzeit. Der Text ist kaum daran interessiert, diesen allzumenschlichen Zug zu tadeln, es geht vielmehr darum, Esau in schlechtes Licht zu stellen, damit es um Jakob später nicht allzu dunkel wird: eine Karikatur wird entworfen: „Lass mich doch schlingen von dem Roten, dem Roten da" (die Lutherübersetzung ist zu glatt!). Das Bild eines rohen Menschen mit grober Sprache entsteht (*Westermann, S.* 510). Esau kümmert sich weder darum, wie das Gericht heißt, nach dem er giert, noch um den Preis, den er bezahlen soll. Er missbraucht den Gottesnamen im Schwur („Und er schwor ihm und verkaufte so Jakob seine Erstgeburt."), später wird sich Jakob auf den Gottesnamen berufen, um dem Vater seinen so schnellen Jagderfolg zu erklären (Gen 27,20: „Jahwe, dein Gott, bescherte mir's.").

Das Ziel der Einleitung Gen 25,19–34 lässt sich mit *Claus Westermann* bestimmen: Es geht „[u]m das Nebeneinander von Brüdern in einer Familie, zu dem auch ein Gegeneinander, die Rivalität gehört. Sie ist darin begründet, daß es hier Privilegien gibt, die aber angreifbar sind." Der Konflikt erwachse aus der Familie und gehe von da weiter bis hin in den staatlich-politischen Bereich (V. 22f).

„Konflikte gehören zum menschlichen Miteinanderleben in allen seinen Bereichen [...] Damit wird ein Verständnis von Brüderlichkeit korrigiert, das diese einseitig und idealisierend als nur von gegenseitiger Liebe bestimmt versteht, aber darin nicht wirklich biblisch ist. Im AT wie im NT gehören zum Brudersein die aus dem Zusammengehören erwachsene Verantwortlichkeit ebenso wie das Bejahen und Austragen von Konflikten" (S. 511).

Gen 27,1–45 hat eine kurze, aber gewichtige Vorgeschichte: „Als Esau vierzig Jahre alt war, nahm er zur Frau Jehudit, die Tochter Beeris, des Hetiters, und Basemat, die Tochter Elons, des Hetiters. Die machten Isaak und Rebekka lauter Herzeleid" (Gen 26,34-35). Die Pläne Isaaks und Rebekkas gehen von hier aus in verschiedene Richtungen: Isaak beabsichtigt, Esau dennoch zu segnen; Rebekka schreitet ein, um Issaks falsche Entscheidung vor Jahwe (27,7) zu korrigieren. „Die dramatische Spannung kommt in die Erzählung durch eine Eigenart dieser Segenshandlung, daß nämlich der Segen nur *einem* gegeben werden kann, und daß er, einmal erteilt, nicht zurückgenommen werden kann" (*Westermann*, S. 530).

V. 1–5: Isaaks Entscheidung, Esau den Segen jetzt zukommen zu lassen, wird mit seinem Alter, seiner Blindheit als Folge seines Alters und seiner Ahnung, bald zu sterben, begründet. Der Wunsch nach dem Essen ist Ausdruck der Verbundenheit mit dem älteren Sohn (Gen 25,28). Isaak äußert seinen Wunsch dabei nicht hinter vorgehaltener Hand; Rebekka hört mit – das Ganze ist unspektakulär.

V. 6–17: Rebekka berichtet Jakob, was sie gehört hat – mit einer Ergänzung. Vom Segen „vor Jahwe" war zuvor nicht die Rede:

„Da die Segenshandlung nicht vor Jahwe erfolgen wird, ist ihre Gültigkeit vor Jahwe gemeint. Eben diese veranlasste Rebekka zum Handeln. Ihr Betrugsmanöver ist nicht das kleinliche Hereinlegen eines Gatten durch seine Frau [...] Vielmehr sollte Isaaks Segen, der hier nicht eine bloß bürgerliche Erbfolge beschreibt, eine Person in eine bestimmte Funktion einsetzen, nämlich in die von Jahwe vergebene Funktion ,Israel'" (*Seebass*, S. 300).

Rebekka geht mit ihrem Plan ein hohes Risiko ein: „Verflucht sei, wer einen Blinden irreführt auf dem Wege!" (Dtn 27,18); sie riskiert den Fluch Isaaks (V. 13). Doch der Fluch wird nicht folgen (Gen 28,1f), vielmehr die Bestätigung durch Isaaks (27,29) und schließlich Jahwes Segen (28,10–22). Der Einwand Jakobs, Isaak könne ihn erkennen, führt zur Verfeinerung des Plans: Jakob wird verkleidet. Nicht ohne Humor wird erzählt: Im Festgewand (oder Lieblingsgewand) Esaus kommt er daher, an den Händen und am Hals fühlt er sich an wie ein Ziegenböcklein.

V. 18–29: Jakob lässt kein Zögern, kein Zweifeln erkennen. Er führt den Plan aus, er bezeichnet sich als Esau, der Erstgeborene, beruft sich auf den Gottesnamen, um den schnellen Jagderfolg zu erklären und belügt den Vater: „Ja, ich bin's". Rebekkas Plan wird in der Ausführung ganz zu Jakobs Plan. Seltsam bleibt der Segen Isaaks (ein guter Wunsch?), bevor die Prüfung abgeschlossen ist (V. 23). Der Segen Isaaks bleibt zunächst auf der Ebene individuellen Geschehens, auf der Ebene der Familie (V. 28 und „Verflucht sei, wer dir flucht; gesegnet sei wer dich segnet!"). Die Worte rahmen zugleich den Segen, der sich auf den staatlich-politischen Bereich bezieht: Jakob hat nur einen Bruder, nicht mehrere, Rebekka nur einen Sohn neben Jakob (V. 29). Folgende Generationen, weitere Verwandtschaft müssen gemeint sein; „Völker sollen dir dienen, und Stämme sollen dir zu Füßen fallen" schaut auf Israel nach der Staatswerdung voraus. Rebekkas Plan „vor Jahwe" (V. 7) wird bestätigt.

V. 30–40: Der Höhepunkt der Geschichte ist erreicht. Es entsprechen sich Isaaks Entsetzen „über die Maßen", als ihm gewahr wird, wie seine väterliche Autorität hintergangen wurde, und Esaus Schrei und Betrübnis über den Verlust des Erstgeburtssegens. Dreimal (V. 34.36.38) fleht Esau um einen weiteren Segen des Vaters, nun für ihn, und dreimal erhält er die Antwort: es gibt keinen weiteren Segen. Hier wird überdeutlich: der eine hat alles bekommen, der andere bekommt nichts (das war die Ausgangslage, die Rebekka ihren Plan entwerfen ließ!). Isaak bleibt – nach dem ersten Entsetzen – nüchtern. Er weiß um die unaufhebbare Gültigkeit des Jakob gegebenen Segens, erspart der Familie die Frage nach den Urhebern des Betrugs und gibt Esau, was ihm zu geben bleibt: „Es ist die Existenz eines Söldners, fern vom väterlichen Erbe, auf Beute und auf Abfindungen durch die Landwirte (1Sam 25) angewiesen" (*Seebass,* S. 303). Dass Esau später (Gen 32,7) seinem Bruder als Heerführer mit vierhundert Mann begegnen wird, ist folgerichtig. Dennoch darf nicht übersehen werden, dass Isaak Esau nicht ganz ohne segnendes Wort entlässt: „Von deinem Schwert sollst du leben" (undeutlich in der Lutherübersetzung) – die Verheißung der Lebenskraft („Du sollst leben") ist ausgesprochen. Die Vorhersage, Esau werde Jakobs Joch von seinem Halse reißen, blickt auf das Ende der Herrschaft Israels über Edom voraus (1Kö 8,20–22).

V. 41–45: Esau plant den Brudermord für die Zeit, nachdem Isaak gestorben sein würde. Rebekka, auch in Erwartung des baldigen Todes Isaaks, schreitet erneut ein. Bis sich Esaus Zorn gelegt haben werde, soll Jakob bei Laban bleiben (Doch ihr Plan geht nicht auf; es werden zwanzig Jahre, Rebekka wird ihren Sohn nicht mehr zurückrufen können.). Nicht nur Esaus Mordplan ist Rebekka Grund dafür, dass ihr jüngerer Sohn fliehen soll, auch die Einsicht, Esaus Tat würde durch Isaaks Verwandtschaft gerächt werden. Tatsächlich könnte sie am Ende beide Erben verloren haben.

Folgende Aussagen der Jakob-Esau-Geschichte lassen sich festhalten:

- Der Konflikt zwischen Jakob und Esau ergibt sich aus dem Problem, den Segen (des Vaters) von einer Generation an die folgende (an *einen* der beiden Brüder) zu übergeben.
- Das Privileg von Erstgeburt und Erstgeburtssegen zerbricht mit dem Aufstieg des Jüngeren, „mit der Ausweitung des kleinen, geschlossenen Familienkreises in größere Weiten, in denen neue, andere Faktoren das Schicksal bestimmen" (*Westermann,* S. 541).

- „Die Menschen, die in Jakobs Tradition von ihm erzählen, können und sollen sich nicht in Selbstgerechtigkeit wiegen, und Jahwe der Gott Jakobs offenbart sich nicht in einem Menschen, der sich als *korrekt* kennt oder hinstellt, sondern in einem Sünder. Diesem wird auch keineswegs eine Erfolgsstory beigegeben. Sosehr von Anfang an Jahwes Erwählung, der väterliche Segen und Jahwes Zusagen Jakobs Leben bestimmen, sowenig wird Jakob aus seinem dubiosen Leben entnommen und ist just in diesem doch der Gesegnete" (*Seebass,* S. 309).

Literatur:

Horst Seebass, Genesis II. Vätergeschichte II (23,1–36,43), Neukirchen-Vluyn 1999; Claus Westermann, Genesis, Biblischer Kommentar Altes Testament I/2, Neukirchen 1981.

2.2. Psychologische Deutungsangebote

Die Psychologie bietet auch zur Jakob-Esau-Geschichte zwei Auslegungsmodelle an. Das tiefenpsychologische Modell deutet Jakob und Esau als zwei sich widersprechende Strebungen derselben Person, das psychodynamische Modell betrachtet Jakob als Person in seiner Familie.

Maria Kassel sieht auf der Objektstufe (der Textoberfläche) von Gen 25,19–33,16 den Kampf der feindlichen Brüder und ihre Versöhnung, auf der Subjektstufe (in der Tiefe des

Textes) die Doppelnatur von Jakobs Charakter, die helle und die dunkle Seite an ihm (S. 259). *Kassel* schreibt:

> „Da auf der Subjektebene Esau die andere Seite von Jakob ist, stellt Jakobs Fersenhalten bei der Geburt (25,26) [...] nicht ein biographisches Detail dar, sondern einen Wesenszug Jakobs [...] Jakob setzt alles daran, der Erste zu sein: er gewinnt das Erstgeburtsrecht, indem er die bedrängte Lage seines Bruders ausnutzt, diesen gewissermaßen übertölpelt (25,29–34), und er stabilisiert diesen Erfolg, indem er den Vater betrügt (27,18–40). Im ersten Fall überspielt die Ich-Seite Jakobs das ungeordnete, triebhafte ziellose Unbewußte, das in stammesgeschichtlicher Entwicklung weit älter und in seinen Äußerungen archaischer ist als die viel jüngere Erwerbung der ichbetonten Individualität des Menschen. Der Abkauf des Erstgeburtsrechts bedeutet nun nicht eine Integration beider Bereiche, sondern eine Umkehrung des ursprünglichen, sozusagen natürlichen Verhältnisses. Jakobs scharfer Verstand trickst das Unbewußte aus und übernimmt die Führung über sein ganzes Leben. Damit werden die unbewußten Kräfte in die Tiefe zurückgedrängt; es ist ihnen nur noch ein Untergrunddasein möglich. Wie gefährlich aber das von der Ratio nicht zugelassene Unbewußte ist, ist an Esaus Haß und Todesdrohung gegen Jakob veranschaulicht" (S. 259f).

Im Fall der Erschleichung des Erstgeburtssegens liest *Kassel* auf der Objektstufe den Versuch Jakobs, sich die fehlende Bestätigung durch den Vater zu erzwingen oder sie durch Bestätigung seiner intellektuellen Fähigkeiten, durch feststellbaren Lebenserfolg und gesellschaftlichen Status auszugleichen. „Auf der Subjektstufe dagegen stellt sich die Erschleichung des Segens als der Versuch dar, Ganzheit und Fülle des Lebens auf bequeme Weise, durch List, zu erlangen, statt sich durch einen intensiven Wandlungsprozeß in sie hinein umschmelzen zu lassen" (S. 261). Der Betrug ist nach *Kassel* ein Selbstbetrug, angestiftet von Rebekka, dem Archetyp der Anima. „Indem Jakob dieser Anima folgt, gelangt er zu seinen hochgezüchteten Verstandesleistungen, bleibt aber ohne seelische Tiefe" (ebd.). Jakob könne dem Bannkreis dieser Anima nicht entkommen, „wird vielmehr der Lebenseinstellung eines unreifen, nur halben Menschen verhaftet bleiben" (ebd.). So wirke

Jakobs Anlage weiter in der Geschichte mit Laban. In ihm begegne Jakob seinem Spiegelbild: „Laban unterschiebt Jakob in der Hochzeitsnacht die Lea anstelle der geliebten Rahel (29), und Jakob luckst dem Laban durch einen Trick den besten Teil seiner Herden ab (30)" (ebd.).

Das nächtliche Traumbild von der Himmelstreppe (Gen 28,10–22) versteht *Kassel* als Ganzheitssymbol, das Jakob die Chance bringt, „umzukehren und ein *ganzer* Mensch zu werden". Doch führe die Einsicht, die Jakob durchaus erfasse, nicht zu durchgreifender Änderung.

„Das Gelübde als Antwort Jakobs (28,20–22), als Selbstbindung an die eben gemachte Tiefenerfahrung, ist in Wirklichkeit ein Versuch, aus dieser Erfahrung Kapital zu schlagen für seine gegenwärtige bedrängte Lage; er will Gott anerkennen, wenn dieser ihm *seinen* Lebensplan bestätigt. Da ist keine Offenheit für den ihn aus der Tiefe seiner inneren Nacht anrufenden Gott. Jakob verharrt in der Abwehr der schöpferischen Dunkelseite, in seinem nur halben Menschsein. Und so kann er Gott nur als ein Idol seiner selbst begreifen" (S. 263f).

Esau verkörpere als der Schatten Jakobs das Animalische und Triebhafte in ihm, eine Urkraft, die sich eruptiv umsetze in unkontrolliertes Tun. Jakobs Angst vor dieser Kraft sei natürlich und verständlich; nur, wenn Jakob das chaotische Unbewusste in seinem Bewusstsein zuließe, könnte er die Angst verlieren: „Erst durch die Integration des Schattens würde sich die Urgewalt des Unbewußten nicht mehr zerstörend, sondern schöpferisch auswirken" (S. 264). Umgekehrt aber brauche die Esau-Seite das Bewusstsein, für das die Jakob-Seite stehe, damit die im Unbewussten vorhandenen Fähigkeiten nicht ungestaltet, roh und ohne klare Zielsetzung bleiben. Ohne das Bewusstsein könne Esau das Spiel Jakobs nicht durchschauen und müsse auf dessen Tricks hereinfallen.

Esau stehe weiterhin für das kollektive Unbewusste: In seinem Aussehen und in seiner Nähe zum Vater repräsentiere Esau das Alte, die „Vorherrschaft unbewußter Mächte in der Menschheitsentwicklung" (S. 265). *Kassel* folgert:

„Solange Jakob nicht auch der triebhafte, dumme, böse, wenn auch kraftvolle Esau sein will, d.h., solange er seinen Schatten nicht akzeptiert, erreichen ihn auch die Offenbarungen Gottes aus dem kollektiven, dem autonomen Unbewußten nicht" (S. 266). Im Gegenteil: Jakob verstehe Gott als seinen persönlichen Vorteil,

„dem er selbst auf die Sprünge helfen muß, wenn das Schicksal es anders vorgesehen hat – wie in der Veränderung seiner Situation als Nachgeborener, wie in der Ausmünzung der Vision von der Himmelstreppe, wie bei der Begründung seines Betrugs an Laban mit dem Willen Gottes (31,9). Mit dieser Ausbeutermentalität Gott gegenüber beraubt sich Jakob aber der Möglichkeit, in seiner menschlichen Entwicklung weiterzukommen" (S. 266f).

Erst die Geschichte vom Kampf am Jakob (Gen 32,22–33) bringe, so *Kassel,* Jakobs Auseinandersetzung mit sich selbst.

„Erst in der Erfahrung, daß er sich einer nicht–manipulierbaren Macht des Lebens aussetzen muß, um sein volles Menschsein zu erlangen, wird Jakob gesegnet. Der Segen steht erst ganz am Ende des nächtlichen Ringens, jetzt ist er kein Ergebnis der Forderung Jakobs mehr, jetzt ist er eine reine Gabe, nichts Selbstgemachtes, Jakob ist durch den Kampf zu einem Menschen geworden, der weiß, daß er sich nicht selbst verdankt. Das ist in dem frei gewährten Segen veranschaulicht. Und damit gewinnt sein Gegenüber auch ein Gesicht: ‚Gottes Angesicht' [32,31: Und Jakob nannte die Stätte Pnuel; denn, sprach er, ich habe Gott von Angesicht gesehen, und doch wurde mein Leben gerettet] [...] Jetzt kann Jakob Gott, der sein Leben neu gemacht hat, als Du erkennen."

Diese Aussage werde durch die nachfolgende Bemerkung über die aufgehende Sonne unterstrichen:

„[D]ie zerstörende Macht von Jakobs verleugneter, jetzt aber angenommener dunkler Tiefe ist verwandelt in Leben schaffende Kraft. Jakob hat ein neues erweitertes Bewußtsein erlangt und ist damit dem Ziel der Ganzheit des Menschseins ein Stück näher gekommen" (S. 276f).

Jakob sei zur Versöhnung mit Esau befähigt (Gen 33,1–16): „Indem er Esau ungeschützt gegenübertritt, gibt er zu erkennen, daß er die durch Esau verkörperte dunkle Seite seines Lebens als der hellen Bewußtseinsseite gleichwertig akzeptiert" (S. 278).

Aus individualpsychologischer Sicht ist – wie bereits bei Kain und Abel – die Stellung innerhalb der Geschwisterreihe zu beachten. *Alfred Adler* schreibt:

„Was die Eindrücke betrifft, unter denen so häufig der Zweitgeborene selbstschöpferisch sein Bewegungsgesetz gestaltet, so sind sie hauptsächlich darin zu finden, daß da ununterbrochen ein anderes Kind vor ihm herläuft, das nicht nur weiter in seiner Entwicklung ist, sondern ihm auch zumeist durch sein Festhalten an der Oberhand die Gleichheit bestreitet. Diese Eindrücke fallen hinweg, wenn der Abstand der Jahre groß ist, und sind um so stärker, je geringer er ist. Sie wirken drückend, wenn der Erstgeborene im Empfinden des zweiten nicht zu schlagen ist. Sie verschwinden fast, wenn der zweite von vornherein siegreich ist, sei es wegen der Minderwertigkeit des ersten oder wegen seiner geringeren Beliebtheit. Fast immer aber wird man das heftigere Aufwärtsstreben des zweiten beobachten können, das sich bald in verstärkter Energie, bald in heftigerem Temperament, bald auf der Seite des Gemeinschaftsgefühls, bald in einem Fehlschlag äußert. Man wird danach suchen müssen, ob er sich nicht vorwiegend wie im Wettkampf befindet, an dem auch der erste gelegentlich teilnimmt, und ob er sich nicht immer wie unter Volldampf darstellt ... Manchmal findet man, sogar bei eineiigen Zwillingen, als scheinbare Ähnlichkeit, daß beide dasselbe tun, im Guten wie im Bösen, wobei nicht übersehen werden darf, daß der eine im Schlepptau des anderen ist. Auch im Falle des Zweitgeborenen haben wir Gelegenheit, die ursprüngliche, offenbar durch die Evolution festgelegte Fähigkeit des Erratens, dem Verstehen vorauseilend, zu bewunden" (1973, S. 143).

Adler schreibt an anderer Stelle: „[D]as typische zweite Kind ist sehr schön in der Geschichte von Jakob dargestellt. Er wollte der Erste sein, Esaus Position beiseite räumen, Esau übervorteilen und ihn übertreffen" (1979, S. 122).

Isaaks Liebe zu Esau, so ist aus individualpsychologischer Sicht zu sagen, bestätigt Jakob die Mangellage eines

Zweitgeborenen. Seine eigenen Fähigkeiten, die des Hirten, müssen ihm ungeeignet vorkommen, den Mangel auszugleichen („Isaak hatte Esau lieber und aß gern von seinem Wildbret"): Jakob bleibt bei den Zelten. Doch er hat seinen Bruder studiert. Er ist trainiert, ihm dort überlegen zu sein, wo er den höheren Wert Esaus begründet sieht: in der Beachtung, Liebe und Wertschätzung des Vaters für den Älteren, für den Jäger und Versorger.

Als Esau gierig nach dem Linsengericht verlangt („Lass mich doch schlingen von dem Roten, dem Roten da; denn ich bin müde"), hat ihn Jakob gedanklich bereits überholt, ist der Wettkampf mit dem älteren Bruder bereits gewonnen. Das Missverhältnis zwischen der einen Mahlzeit und dem hoch geachteten Erstgeburtsrecht ist zu groß, als dass Jakob das Risiko einer Zurückweisung hat eingehen können. Er kennt den Ausgang des Handels von vornherein: „Siehe, ich sterbe fast vor Hunger; was soll mir da die Erstgeburt?" Esaus Antwort bestätigt Jakobs Anspruch und Ziel, die erste Stelle bei Isaak einzunehmen, und rechtfertigt zugleich das Mittel einer weiteren List, um Esau auch um den Erstgeburtssegen zu bringen (Gen 27,1–45).

Das Ziel Rebekkas, dem jüngeren ihrer Söhne solle die erste Position zukommen, entspricht Jakobs Streben nach Überlegenheit über Esau („Da sprach sie: Wenn's mir so gehen soll, *wozu* bin ich schwanger geworden?"). Der Erstgeburtssegen, so muss Jakob planen, garantiert – gleich, ob freiwillig oder unfreiwillig gegeben – die Beachtung, Liebe und Wertschätzung des Vaters.

Der Betrug gelingt vor allem, weil Jakob mit Hilfe Rebekkas Esau im Wettkampf, vordergründig um die Zubereitung der von Isaak gewünschten Mahlzeit, tatsächlich um die Vertrautheit von Vater und älterem Sohn, dem Kennzeichen seines höheren Ranges, voraus ist. Die Täuschung, von Rebekka initiiert, von Jakob verfeinert, ist nichts anderes als das beinahe perfekte Nachahmen Esaus (mit *Adler:* Jakob ist im „Schlepptau" Esaus). Jakob gibt sich als der aus, dessen Position er anstrebt. Er tut nichts anderes als das, was der Erstgeborene getan hätte, wenn er denn nur nicht zu spät gekommen wäre (allein Esaus Stimme zu imitieren, gelingt Jakob nicht: „Ich bin Esau, dein erstgeborener Sohn ..." klingt nach dem zweitgeborenen).

Die Klage Esaus, nachdem ihm der Betrug gewahr geworden ist, richtet sich an Isaak (27,36), doch Isaak hat keinen zweiten Segen zu vergeben, allein das Wort „Du sollst leben" kann er dem Unterlegenen mitgeben. Esau ist entthront wie zuvor Kain durch Abel, er hat nichts bekommen, Jakob alles. Sein Ziel der Rückgewinnung des Thrones scheint ihm nur noch – und das auch nicht anders als zuvor Kain – durch den Brudermord möglich zu sein („Ich will meinen Bruder umbringen."). Doch Jakob hat die Möglichkeit des Rückzugs, der Flucht.

Die Lebenspläne Esaus und Jakobs stehen fest, anstelle von Kooperation oder Mitarbeit stehen Kampf und Wettbewerb. Jakob strebt weiter nach der Höhe, sei es auf dem Weg nach Haran im Traum (Gen 28,10–22), sei es mit Laban (Gen 29–30), schließlich noch am Jabok (Gen 32,23–33; V. 27: „Ich lasse dich nicht, du segnest mich denn."). Ob die Versöhnung (Gen 33,1–16) zeigt, dass er sein Ziel korrigiert hat, muss offen bleiben; die Szene erinnert eher an die Begegnung zweier Heerführer als zweier Brüder. Die kurz herzliche Begrüßung (V. 4) bleibt folgenlos, am Ende steht ein Nebeneinander der Brüder, die erst beim Begräbnis Isaaks (und da zum ersten Mal) kooperieren.

Literatur:

Alfred Adler, Der Sinn des Lebens, Wien/Leipzig 1933, Nachdruck: Frankfurt/M. 1973; ders., Wozu leben wir?, Frankfurt/M. 1979 (What life should mean to you, Boston 1931); Maria Kassel, Biblische Urbilder. Tiefenpsychologische Auslegung nach C.G. Jung, München 1980, S. 258–279.

2.3. Zum Vergleich: Maria und Marta
(Lk 10,38–42)

Abb. 5: Rembrandt van Rijn, Jesus im Haus von Marta und Maria, Federzeichnung, 16 × 19 cm, um 1632/33, Haarlem, Tayler's Museum.

Die von Lukas überlieferte Erzählung vom Besuch Jesu bei Maria und Marta veranschaulicht wie die Jakob-Esau-Geschichte die Konstellation jüngeres Kind – älteres Kind.

„(Lk 10,38–42) Als sie aber weiterzogen, kam er in ein Dorf. Da war eine Frau mit Namen Marta, die nahm ihn auf. (39) Und sie hatte eine Schwester, die hieß Maria; die setzte sich dem Herrn zu Füßen und hörte seiner Rede zu. (40) Marta aber machte sich viel zu schaffen, ihm zu dienen. Und sie trat hinzu und sprach: Herr, fragst du nicht danach, dass mich meine Schwester lässt allein dienen? Sage ihr doch, dass sie mir helfen soll! (41) Der Herr aber antwortete und sprach zu ihr: Marta, Marta, du hast viel

Sorge und Mühe. (42) Eins aber ist Not. Maria hat das gute Teil erwählt; das soll nicht von ihr genommen werden."

Marta begegnet Jesus im Dorf, sie nimmt ihn in ihr Haus. Damit ist sie nicht nur deutlich als die ältere Schwester, die das Hausrecht besitzt, gekennzeichnet. Vielmehr hat sie einen Vorsprung in der Beachtung durch Jesus. Die Rolle der Hausherrin, die Marta beim Besuch Jesu spielt, mag Maria die Erfahrung, weniger wert zu sein als ihre Schwester, bestätigt haben. Doch der jüngeren Schwester gelingt es, Marta im Wettkampf um die Beachtung, Liebe und Wertschätzung Jesu zu überholen. Da sie vorausahnen kann, dass sich die Gastgeberin viel „Sorge und Mühe" um den Gast machen werde – sie hat, wie Jakob einst Esau, ihre Schwester studiert – , kooperiert sie nicht, sondern setzt sich zu Füßen des Rabbi und redet mit ihm über die Tora (*Renate Wind,* S. 59). Damit ahmt sie die Rolle des (männlichen!) Hausherren nach, die wohl Marta zukommen sollte (noch einmal mit *Adler:* Maria ist im „Schlepptau" Martas). Sie ist damit ihrer älteren Schwester überlegen, ihr kommt der höhere Wert zu. Die Klage Martas an Jesus, die Schwester solle ihrer Position entsprechend „helfen", kommt zu spät. Jesus als Herr beider bestätigt (unaufhebbar) den Vorrang (des Verhaltens) der jüngeren.

Die vergleichbaren Punkte der Jakob-Esau-Geschichte und der Erzählung vom Besuch Jesu bei Maria und Marta im Überblick:

	Gen 25,19–34; 27,1–45	*Lk 10,38–42*
Das jüngere Kind erlebt sich in einer Mangellage.	Isaak hat Esau, das ältere Kind, lieber.	Marta hat als die Ältere das Recht, Jesus im Haus aufzunehmen.
Das jüngere Kind befindet sich im Wettkampf mit dem älteren.	Um den Erst-geburtssegen.	Um die Beachtung, Liebe und Wert-schätzung Jesu.

	Gen 25,19–34; 27,1–45	Lk 10,38–42
Das jüngere Kind ahmt das ältere nach.	Jakob spielt die Rolle Esaus.	Maria spielt die Rolle des (männlichen) Hausherren.
Das jüngere Kind übertrifft das ältere.	Jakob erhält den Erstgeburtssegen.	Jesus bestätigt Maria: „Maria hat das gute Teil erwählt; das soll nicht von ihr genommen werden."

Literatur:

Renate Wind, Maria: aus Nazareth, aus Bethanien, aus Magdala. Drei Frauengeschichten, Gütersloh 1996.

2.4. Impulse für die Praxis

Eine Vorbemerkung von *Peter von Matt:*

„Diese Geschichte ist in höchstem Maße skandalös. Sie ist ein Bericht über Lug und Trug, wobei die göttliche Macht diesen Lug und Trug offensichtlich anerkennt. Und doch wird man beim Lesen der Vor- und Nachgeschichte wieder unsicher: Liegt das Gute nun wirklich hier und das Schlechte dort? Ist das Schlechte zuletzt doch das Gute? Und ist die Verkleidungsintrige, eine Veranstaltung nach allen Regeln der Kunst, Teil einer Komödie, wo das Gute siegt, oder einer Tragödie, wo das Gute verliert? Läuft da ein fröhliches Spiel ab oder ein Schurkenstück?" (Peter von Matt, Die Intrige. Theorie und Praxis der Hinterlist, © Carl Hanser Verlag, München/Wien 2006, S. 110).

2.4.1. Gottesdienst

Aus der Jakob-Esau-Geschichte wird in der evangelischen Lese- und Predigttextordnung nur Gen 28,1–19a als alttestamentliche Lesung und als Predigttext (Reihe V/14. Sonntag nach Trinitatis) vorgeschlagen – nach der katholischen Leseordnung soll dieser Text am Montag der 14. Woche im Jahreskreis gelesen werden. Gen 25,19–34; 27,1–45 ist daher ein selten gepredigter Text. In einer Predigtreihe zu biblischen Geschwistergeschichten bietet sich jedoch gerade dieser Text im Anschluss an die Kain-und-Abel-Geschichte als Predigttext an.

2.4.1.1. „Die Sehnsucht des Vaters ...“
(Gen 25,19–34; 27,1–45)

Gerd Theißens 1995 gehaltene Predigt beginnt mit der Klage: „Das Drama von Jakob und Esau geschieht überall“ – in den Familienkonflikten wie in den Konflikten der Völkerfamilie. Seiner Klage stellt *Theißen* die Einsicht gegenüber, dass über dem biblischen Familiendrama die Verheißung an Abraham stehe: „Durch dich sollen alle Völker der Erde Segen erlangen“ (Gen 12,3), um dann die Leitfrage seiner Predigt zu formulieren:

„Liest man die Vätergeschichten, so hat man den Eindruck: Den Beteiligten ist der über ihnen schwebende Segen gar nicht bewußt, wenn sie ihre Konflikte ausagieren und ihre Intrigen knüpfen. Aber stellen wir uns einmal vor, sie würden ihr Handeln im Lichte dieser Segensverheißung rechtfertigen – was würden sie sagen?“

Theißen lässt Rebekka, Esau, Jakob und Isaak nacheinander zu Wort kommen.

Rebekka begründet ihre Intrige. Esau war, so sagt sie, „einer von der üblichen Sorte Mann: behaart, impulsiv, primitiv“. Als Jäger verstand er sich nur aufs Töten. Jakob dagegen, der Hirte, war feiner, hegte und pflegte das Leben. Ohne ihr Eingreifen hätte sich der feine Typ gegen den robusten Esau nicht durchsetzen können. „Sollte der Zufall, daß Esau vor ihm geboren war, diesem auf ewig Vorrang sichern? Was für eine primitive Ansicht!“ Rebekka schließt: „Ja, ich habe dem Schwächeren, dem Nachgeborenen, dem Jakob mit List geholfen. Und eben darin besteht

Kultur: dem Schwächeren helfen – auch gegen den Starken. Und wenn's nicht anders geht, auch mit List."

Esau antwortet Rebekka:

„Ja, meine Mutter haut mich übers Ohr, und ich liebe sie trotzdem. Mein Bruder betrügt mich, und ich bin trotzdem bereit, mich mit ihm zu versöhnen. Wer hat denn hier die höhere Kultur – ihr klugen Leute mit eurem transzendentalen Bewußtsein oder wir primitiven, gutmütigen Kerle. Wen habe ich betrogen? Wen habe ich getäuscht? Wen habe ich übervorteilt? Ist mein einziger Fehler nicht der, daß ich anders bin: etwas haarig, etwas primitiv, etwas tollpatschig?"

Jakob gesteht seinen Betrug ein, erinnert aber Esau sogleich, dass er „dafür gezahlt" habe: „Vierzehn Jahre Knechtschaft im Ausland, 20 Jahre Trennung von der Familie. Ich habe erlebt, wie auch ich mit falschen Versprechungen betrogen wurde." Wichtig für Jakob ist es nun, Esau seine Mitschuld vor Augen zu führen. Esau habe Jakob vorgelebt, was dieser dann angewandt hat: „Entscheidend ist, möglichst schnell für Essen zu sorgen." Als Hirte sei er Esau überlegen, auf den Hirten liege der größere Segen: „Wir erst machen es möglich, daß sich mehr Menschen trotz des knapper werdenden Landes auf Erden ernähren können – durch eine effektivere Wirtschaft. Auf uns liegt der Segen, der allen Völkern gilt." Und noch einmal: „Klage mich nicht an, weil ich nach Maximen gelebt habe, die du mir vorgelebt hast."

Isaak schließlich beklagt, dass er nicht beide Söhne hat segnen können, dass er zudem Jakob gesegnet hat mit Worten, die weder auf Esau noch auf Jakob zutreffen: „Gott gebe dir vom Tau des Himmels und von der Fettigkeit der Erde und Korn und Wein die Fülle." Isaak weiter:

„Das war ein Segen für Bauern, für Leute, die weder Jäger noch Hirte sind. Und jetzt weiß ich, warum ich es tat. Ich ahnte: Erst in einer neuen Lebensform – erst jenseits des Konflikts von Jäger und Hirte – kann der Gegensatz zwischen Jakob und Esau aufgehoben werden, erst wenn die Produktivität des Bodens durch Landwirtschaft gesteigert wird. Erst wenn genug für alle da ist, so daß keiner mehr Angst hat, zu kurz zu kommen."

Isaak gesteht seine Sehnsucht:

„Ja, meine heimliche Sehnsucht war, daß die guten Eigenschaften beider in einer Person vereinigt würden. Und das erlebte ich damals, als der verschlagene Jakob die Gestalt Esaus annahm. Das waren zwei Personen in einer Person: Jakobs Stimme und Esaus Haare, Jakobs Klugheit und Esaus Direktheit. Jakobs Kultur und Esaus Natur. Das geheime Wunschbild meiner Träume trat mir entgegen. Niemand hat mich betrogen, Rebekka nicht und Jakob nicht. Ich habe mich durch meine eigene Sehnsucht verführen lassen, durch meine Sehnsucht nach einem Sohn, der beides zugleich ist: Esau und Jakob. Ich ließ mich letztlich verführen durch die Verheißung an Abraham: In dir sollen gesegnet sein *alle* Völker! Jakob *und* Esau, Israel *und* Edom, Juden *und* alle anderen!"

Theißen knüpft im zweiten Teil seiner Predigt an den Traum Isaaks an. In Christus sei er in Erfüllung gegangen, in Christus gelte:

> „Da ist nicht Jakob und Esau:
> Keiner herrscht über den anderen.
> Da ist nicht Isaak und Rebekka:
> Keiner betrügt den andern.
> Da ist nicht Jäger noch Hirte:
> Keiner übervorteilt den andern.
> Ihr alle seid einer in Christus Jesus.
> Ihr alle seid Abrahams Kinder.
> Ihr alle seid Erben der Verheißung."

Im dritten Teil seiner Predigt fragt *Theißen:* „Kann man also sagen: Im Alten Testament wird eine große Verheißung formuliert – und im Neuen Testament wird sie erfüllt?" In der Wirklichkeit, so *Theißens* Antwort, stimme beides:

„Die Verheißung ist unerfüllt, und sie ging in Christus in Erfüllung. Durch ihn tritt ein unbedingter Wille in unser Leben, alle Menschen anzuerkennen – auch, wenn sie mit Gott, mit sich selbst und mit anderen verfeindet sind. Dieser immaterielle Segen kann unendlich geteilt werden. Aber es stimmt ebenso: Die Verheißung ging in der Welt nicht in Erfüllung. Jakob und Esau streiten noch immer um den materiellen Segen dieser Welt. Dieser Segen kann nicht unendlich geteilt werden."

Der Predigtschluss – im direkten Du an die Hörerinnen und Hörer gerichtet – ist Trost und Ermutigung zum Glauben daran, dass Gott jeden Menschen zum Segen für andere machen will. Möglichen Einwänden kommt *Theißen* zuvor:

„Doch schau auf Isaak: War er nicht blind und alt? Und doch ging ein Segen von ihm aus! Schau auf Rebekka: War sie etwa vollkommen? Und trotzdem gab sie Segen weiter! Schau auf Jakob und Esau: Waren sie vorbildliche Brüder? Und trotzdem wirkte der Segen in ihrem Leben! Schau auf diese ganze zerrüttete Familie: Die waren alle milieugeschädigt. Und trotzdem waren sie gesegnet!"

Theißen schließt: Gott „will, daß sein Segen vermehrt werde: sein immaterieller und sein materieller Segen. Und dazu braucht er normale Menschen, Menschen wie Isaak und Rebekka, wie Jakob und Esau, Menschen wie dich und mich."

2.4.1.2. ... und die Sehnsucht des Sohnes (Gen 28,10–22)

Die folgenden Zeilen greifen das Deutungsangebot aus individualpsychologischer Sicht auf.

Nein, das Träumen war seine Sache nicht. Scharf ist Jeremias Traumkritik: So spricht der Herr: „Ich höre es wohl, was die Propheten reden, die Lüge weissagen in meinem Namen und sprechen: Mir hat geträumt, mir hat geträumt" (Jer 23,25). Träume als Sprache Gottes? Für Jeremia nie und nimmer: „Ein Prophet, der Träume hat, der erzähle Träume; wer aber mein Wort hat, der predige mein Wort recht. Wie reimen sich Stroh und Weizen zusammen?" (23,28). Träume als Sprache der Seele vielleicht? Auch das nicht, sagt Jeremia: „Wann wollen doch die Propheten aufhören, die Lüge weissagen und ihres Herzens Trug weissagen und wollen, dass mein Volk meinen Namen vergesse über ihren Träumen, die einer dem anderen erzählt?" (23,26f).

„Kein Mensch kann denken, fühlen, wollen, sogar träumen, ohne daß all dies bestimmt, bedingt, eingeschränkt, gerichtet wäre durch ein ihm vorschwebendes Ziel", hat der Psychologe *Alfred Adler* gesagt. Gilt das auch für Jakob?

Jakob träumt von der Himmelstreppe – die erste Traumerzählung im Alten Testament. Er war unterwegs von Beerscheba nach Haran, eine weite Reise in ein fremdes Land. Vor Esau, seinem älteren Bruder floh er, ein Rückzug nach misslungenem Kampf. Sein Ziel war hochgesteckt. Er wollte der Erste sein, Esaus Position beiseite räumen, Esau übervorteilen, ihn übertreffen. Nur scheinbar gelang es. „Mach dich auf", so hatte ihn seine Mutter gedrängt, „und flieh zu meinem Bruder Laban."

Nach einigen ungenannten Stationen und einer guten Strecke des Weges, vom Einbruch der Dunkelheit überrascht, musste Jakob übernachten, wo er gerade war. Ein Stein gab seinem Kopf Schutz, er legte sich schlafen.

„Und ihn träumte, und siehe, eine Treppe stand auf Erden, die rührte mit der Spitze an den Himmel, und siehe, die Engel Gottes stiegen auf ihr hinauf und hinab."

Jakob sieht ein Traumbild. Er ist nicht Zuschauer, nicht unbeteiligt, er schaut nicht aus der Ferne; er ist Teil des Traumes. Die Treppe, ein gewaltiges, steinernes Bauwerk (nicht bloß eine Leiter!), verbindet Erde und Himmel, Himmel und Erde. An diesem Ort, an dem er schläft, gerade hier ist sie erdwärts gestellt, ihm allein in den Traum. Unterwegs wie er sind die Engel Gottes, so träumt er, sie steigen hinauf und hinab. Unterwegs wie er – doch er selbst kommt nicht voran. Keine Stufe vermag Jakob im Traum zu erklimmen. Fühlte er sich stets dem älteren Bruder gegenüber zurückgesetzt, wollte er stets höher stehen als der Erste, so ist er nun zurückgeworfen: vor ihm die Treppe, himmelwärts gerichtet, doch dem Himmelsstürmer, der er doch ist, hilft im Traum die List nicht mehr. Das Traumbild zeigt ihm seine Sehnsucht, seinen Lebensplan, den er sich, Baustein um Baustein, geschaffen hat. Versteht er das Bild?

Isaak, sein Vater, liebte Esau, den Erstgeborenen. Er aß gern von seinem Wildbret. Esau war Jäger und streifte umher, Jakob blieb bei den Zelten. Esau war ihm voraus, er war der Ältere. Stein um Stein schuf Jakob den Plan, zu ihm aufzuschließen, ein Wettkampf würde sein Leben sein. Doch das war ihm verborgen. Jakob trainierte hart. Die List half, dem Bruder überlegen zu sein, einmal, auch ein zweites Mal. „Jakob kochte ein Gericht. Da kam Esau vom Feld und war müde und sprach zu Jakob: Lass mich doch schlingen von dem Roten, dem Roten da; denn ich bin müde ... Aber Jakob sprach: Verkaufe mir heute deine Erstgeburt."

Die List half wieder: Jakob erschlich sich den Erstgeburtssegen. Den Vater, dessen Augen schwach geworden waren, belog er: „Bist du mein Sohn Esau?" Jakob antworte: „Ja, ich bin's." Das Gefühl, der Schwächere zu sein, trieb ihn an; die Stärke Esaus fürchtend, konnte er sich sein Gefühl der Schwäche nicht eingestehen. Er musste ihn unterlegen wissen; Esau musste sinken, damit sich Jakob emporheben konnte. Doch wie kurz war das Hochgefühl. „Hör auf mich, mein Sohn, flieh!"

Alle Sehnsucht, sein ganzer Lebensplan, steht ihm nun im Traum vor Augen, das gewaltige Bauwerk, die Treppe, die er nicht besteigen kann; für die Engel Gottes ist es so einfach: hinauf, hinab. Oben auf der Treppe sieht Jakob Gott stehen, sein ganzes Leben zielt auf die Höhe. Gottes Verheißung stellt ihn mit Abraham und Isaak gleich, und noch viel mehr: sie stellt ihn weit über Esau. Land und Nachkommen werden ihm zugesagt. Alles sieht er im Traum, die ganze Sehnsucht, die verborgen seinen Lebensweg bestimmt – einen Weg, den er allein nicht gehen kann; ein Weg der Trübsal ist der Weg, auf dem er unterwegs ist (Gen 35,3).

Gott verheißt ihm Beistand für den Weg: „Ich bin bei dir und will dich behüten, wo du hinziehst, und will dich zurückbringen in dies Land. Denn ich will dich nicht verlassen, bis ich alles tue, was ich dir zugesagt habe." Das gilt, so weiß es Jakob. Hat er sein Traumbild verstanden?

Jakob hat keine Traumoffenbarung gesucht: „Ich habe es nicht gewusst"; aus dem Schlaf erwacht, ist er erstaunt, erschrocken. Wusste er nun mehr über sich? Es bleibt offen. Soviel ist sicher: Von nun an würde seine Aufmerksamkeit und sein ganzes Vertrauen den Jüngeren, den Zweiten, den Schwächeren gelten. Labans jüngere Tochter Rahel gewinnt er lieb; noch einmal sieben Jahre – nach den sieben für Lea – wird er um sie dienen. Und nicht den Erstgeborenen seiner Enkel, Manasse, segnet Jakob zuerst; beide, Manasse und Ephraim, segnet er – doch der Jüngere würde größer werden! Doch noch das alte Streben des Zweiten? Oder Traumerkenntnis?

Matthias Günther, Das Träumen war seine Sache nicht,
in: Evangelische Zeitung 53, 1999, Nr. 31, S. 7; hier überarbeitet

2.4.1.3. ... im Gebet

> Herr. Unser Traum ist in Erfüllung gegangen.
> Da ist nicht Jakob und Esau:
> Keiner herrsche über den anderen.
> Da ist nicht Isaak und Rebekka:
> Keiner betrüge den andern.
> Da ist nicht Jäger noch Hirte:
> Keiner übervorteile den andern.
> Wir alle sind einer in Christus Jesus.
> Wir alle sind Abrahams Kinder.
> Wir alle sind Erben der Verheißung.
> Herr. Unser Traum ist in Erfüllung gegangen.
> Wir danken dir.
> Herr. Unser Traum soll Wirklichkeit werden.
> Hilf uns.

Im Anschluss an die Segensworte
in Gerd Theißens Predigt formuliert

Literatur:

Peter von Matt, Die Intrige. Theorie und Praxis der Hinterlist, München/Wien 2006; Gerd Theißen, Die Sehnsucht des Vaters nach den Söhnen: Isaaks Segen für Hirten und Jäger. Predigt am 25. Juni 1995 über 1 Mose 25,19–34; 27,1–45, in: ders., Lebenszeichen. Predigten und Meditationen, Gütersloh 1998, S. 25–33; ders., Das Schweigen der Engel oder Jakobs Traum in Bethel, Predigt am 5. September 1999 über Gen 28,10–22, in: ders., Erlösungsbilder. Predigten und Meditationen, Gütersloh 2002, S. 13–18.

2.4.2. Bibelgespräch

Was verbinden Teilnehmerinnen und Teilnehmer an einem Bibelgespräch mit der Jakob-Esau-Geschichte? Ihr Vorverständnis ist zumeist durch die zum Sprichwort gewordene Erzählung vom Linsengericht geprägt: Für einen kleinen Vorteil missachtet Esau – missachten Menschen immer wieder! – einen hochgeachteten Wert. Der Bibeltext kennt das Allzumenschliche, ist jedoch nicht übermäßig daran interessiert, es zu tadeln. Wie in der Kain-und-Abel-Geschichte das Gute und das Böse nicht einfach zuzuordnen sind, liefert auch die Jakob-Esau-Geschichte keine eindeutige Antwort auf die Frage, was das Gute und was das Schlechte sei.

Wie schon bei Gen 4,1–16 sollte auch bei Gen 25,19–34; 27,1–45 das Hören (die Abweichungen von der Lutherübersetzung sollten eingeführt werden!), das Wirkenlassen und das genaue Beobachten an erster Stelle stehen. Eine vertiefte Auseinandersetzung kann sich von der Frage leiten lassen: Welche Überschrift darf der Text tragen? Ein Vergleich des Bibeltextes mit der Deutung *Thomas Manns* in seinen 1933 veröffentlichten Jaakob-Geschichten führt zu der Frage: Ist die Jakob-Esau-Geschichte eine Komödie (ein „großer Jokus"), in der Esau das ihm zugedachte Leben verspielt, oder ist sie eine Tragödie (ein großer Betrug), die Jakob zu verantworten hat? Oder führt sie, so wird es in der innerbiblischen Wirkungsgeschichte gedeutet, Gottes Ratschluss, Gottes Plan für Menschen und Völker aus? Illustriert sie dann ein Beispiel für Gottes freie Gnadenwahl?

2.4.2.1. „Der große Jokus" ...

Thomas Mann gibt den Ereignissen um den Erstgeburts-segen die Überschrift „Der große Jokus" und deutet die Geschichte somit als Scherz, als Komödie (S. 198–211). Doch nur, um sogleich zu zeigen, dass dieser Komödie ein anderer, tragischer Zug innewohnt: Jakob lief zu Rebekka, nachdem Isaak ihn gesegnet hatte; Esau kam von der Jagd mit einem jungen Steinbock – „und nun war es gar lustig und grässlich geworden mit der Geschichte", so *Mann* (S. 208):

In freudigem Dünkel und hochgebläht kam er daher, den Bock auf dem Rücken, den Bogen in haariger Faust, stolzierend, marschie-rend: er warf die Beine sehr hoch beim Schreiten und wandte finster strahlend den Kopf hin und her, ob man ihn auch sähe in seinem Ruhm und Vorrang, und begann schon von weitem wieder zu prahlen und großzureden, daß es ein Jammer und Jux war für alle, die es hörten ... (S. 209).

Wenig später erfuhr Esau dann, dass Jakob ihn betrogen hatte.

Da schrak Esau zusammen, daß er beinah die ganze Tracht hätte fal-len lassen und die Rahmbrühe überschwang aus dem Topf vom Zucken und Zutappen und ihn besudelte. Die Leute johlten vor Lachen. Sie schüttelten die Köpfe, weil es allzu viel war der Narretei, wischten sich mit den Fäusten das Wasser aus den Augen und schleuderten es zu Boden. Esau aber stürzte hinein in das Zelt, unge-rufen, und dann war Stille, während welcher das Hofvolk draußen die Hände vor die Münder drückte und einander mit den Ellbogen stieß. Nicht gar lange aber, so gab es ein Gebrüll dort drinnen, ganz unerhörter Art, und Esau brach heraus, nicht rot, sondern veilchen-blau im Gesicht und mit hocherhobenen Armen. „Verflucht, ver-flucht, verflucht!" schrie er aus Leibeskräften, wie man heute wohl rasch hervorstößt bei kleiner, ärgerlicher Gelegenheit. Doch damals und in des zottigen Esau Mund war es ein neuer und frischer Ruf, ursprünglichen Sinnes voll, denn er selbst war wirklich verflucht, statt gesegnet, und festlich betrogen, ein Volksspott wie keiner mehr. „Verflucht", schrie er, „betrogen, betrogen und untertreten!" Und dann setzte er sich hin zu Boden und heulte mit lang heraushängender Zunge und ließ Tränen rollen, so dick wie Haselnüsse, während die Leute im Kreis um ihn standen und sich die Nieren hielten, so schmerzte sie der große Jokus, wie Esau, der Rote, geprellt ward um seines Vaters Segen.

Thomas Mann, Joseph und seine Brüder. Die Geschichten Jaakobs,
© S. Fischer Verlag, Frankfurt/M. 1960; 1991, S. 210f

- Was ist „lustig", was „grässlich" in der Geschichte? Was ist „Jammer", was ist „Jux"?
- Stimmen Sie der Doppeldeutigkeit zu, die *Thomas Mann* der Geschichte gibt? Ist Esau sich seiner Position zu sicher? Hat er die Schadenfreude verdient?
- Fallen Ihnen Beispiele ein, in denen „Jammer und Jux" gleichzeitig ablaufen?
- Darf man der Geschichte die Überschrift „Der große Jokus" geben?

2.4.2.2. ... oder der große Betrug?

Peter von Matt sieht in der Jakob-Esau-Geschichte entscheidende Elemente eines in der Literatur immer wieder vorkommenden Intrigenmodells (S. 118f). Aus der Notsituation und den entsprechenden Zielphantasien entstehe in Rebekka der Plan. In der Durchführung der gezielten Verstellungsaktion fungiere Rebekka als Anstifterin und Lenkerin im Hintergrund. Der Helfer trete hinzu. Doch sei Jakob mehr als nur ein Werkzeug. Das „Intrigenziel", der Erstgeburtssegen, sei sein alleiniger Gewinn. Die Formen der Verstellung ließen sich unterteilen in die Verkleidung im engeren Sinne (Rebekka zieht dem Sohn die Kleider Esaus an), die Körperverstellung durch die aufgeklebten Felle und durch die Salbung mit dem Salböl Esaus und die akustische Verstellung mittels der „Intrigenstimme". Allerdings, so *von Matt,* gelinge es Jakob nicht, „die fremde Kehle nachzuahmen". Unter die Formen der Verstellung sei schließlich der vielschichtige Vorgang der „mimetischen Verstellung" zu rechnen. Jakob spiele den Bruder Esau vor

Isaak auf verschiedene Weise, unter anderem, indem er ihn über seine Identität direkt belügt: „Bist du mein Sohn Esau?", fragt Isaak. Jakob antwortet: „Ja, ich bin's."

○ Fallen Ihnen literarische Werke ein, in denen Elemente des Intrigenmodells vorkommen? (Z.B. zur „Intrigenstimme": der Wolf im Märchen von den Sieben Geißlein.)
○ Was ist das „Intrigenziel" (Jakobs Ziel)?
○ Aus der Notsituation entstehe der Plan, so *von Matt*. Was ist die Notsituation Rebekkas und Jakobs? Als Anregung ein Ausschnitt aus einem Gespräch zwischen *Ruth Lapide* (Normalschrift) und *Walter Flemmer* (Kursivschrift):

Ich glaube, dass sich Rebekka ganz einfach ihrer Verantwortung bewusst ist, denn schließlich hat sie von all diesen Gestalten, die hier vorkommen, am meisten geopfert.

Sie muss die Verheißung erfüllen.

Sie hat ein schweres Leben hinter sich, sie hat, wie man heute sagen würde, mehr investiert als alle anderen. Sie ist heimatlos, sie ist allein: Mit wem soll sie sich beraten?

Sie muss sich eigentlich gar nicht beraten, denn sie hatte doch von Jahwe die Verheißung bekommen. Sie weiß genau, dass die Linie über Jakob weiterlaufen wird.

Das hätte noch zur Debatte gestanden, wenn sie sich mit ihrem Mann hätte beraten können.

Das hat sie aber nicht.

Ich nehme an, weil er alt und krank war. Oder sie hatten sich auseinander gelebt, das kann auch sein, denn so lange sie auf dieser Erde waren, waren sie in dem Sinn auch keine Heiligen.

Was macht sie, um ihren Mann zu überlisten?

Ich kann nur sagen, dass es diese Problematik heute auch gibt. Wenn man eine eigene Firma hat und der eine von zwei Söhnen ein Taugenichts ist, dann wird das zum Problem. Der alte Vater hat Jahrzehnte lang etwas aufgebaut, und die Mutter muss nun einschreiten und sagen, dass man dem Sohn das Erbe so nicht übergeben kann.

Ruth Lapide/Walter Flemmer, Kennen Sie Jakob, den Starkoch? Noch mehr ungewöhnliche Einblicke in die Bibel, © Kreuz Verlag, Stuttgart/Zürich 2003, S. 28f

○ Musste Gottes Verheißung erfüllt werden (Gen 25,23: „Zwei Völker sind in deinem Leibe, und zweierlei Volk wird sich scheiden aus deinem Leibe; und ein Volk wird dem anderen überlegen sein, und der Ältere wird dem Jüngeren dienen.")? War es also Gottes Plan? An keiner Stelle wird Esau Jakob dienen! Oder war eine Problematik ausschlaggebend, die auch heute noch aktuell ist? War es Rebekkas und Jakobs Plan?

Thomas Mann verändert die Rolle, die Jakob in der Betrugsszene spielt. Er nutzt das Mittel der „Intrigenstimme":

„Ich bin's, mein Vater. Darf dein Knecht seinen Fuß heben zu dir herein?"

Aus dem Grunde der Wohnung aber kam Isaaks Stimme wehleidigen Tones:

„Wer bist du denn aber? Bist du nicht etwa ein Strauchdieb und eines Strauchdiebes Sohn, daß du vor meine Hütte kommst und sagst Ich von dir? Ich kann ein jeder sagen, aber wer's sagt, darauf kommt's an."

Jaakob antwortete und klapperte nicht mit den Zähnen, da er sie beim Sprechen zusammenbiß:

„Dein Sohn ist's, der Ich sagt und hat dir gejagt und angerichtet."

„Das ist was anderes", erwiderte Jizchak von innen. „So komm herein."

Da trat Jaakob in das Halbdunkel des Zeltes, in dessen Hintergrund eine erhöhte und bedeckte Lehmbank lief, auf der lag Jizchak, in seinen Mantel gehüllt, die getränkten Läppchen auf den Augen, und lag auf einer Kopfstütze mit bronzenem Halbring, die ihm das Haupt erhob. Er fragte wieder:

„Wer bist du also?"

„Ich bin Esau, der Rauhe, dein größerer Sohn, und habe getan, wie du geheißen. Sitz auf, mein Vater, und stärke deine Seele; hier ist das Essen."

Aber Isaak saß noch nicht auf. Er fragte: „Wie, so bald schon ist dir ein Wild begegnet und so rasch schon gerannt vor deines Bogens Sehne?"

„Der Herr, dein Gott, hat mir Jagdglück beschert", antwortete Jaakob, und nur einzelne Silben bekamen Stimme, die anderen waren geflüstert. Er sagte aber „Dein Gott" von Esau's wegen; denn Isaaks Gott war nicht Esau's Gott.

„Wie ist mir denn aber?" fragte Isaak wieder. „Deine Stimme ist ungewiß, Esau, mein Ältester, aber sie klingt mir wie Jaakobs Stimme?"

Da wußte Jaakob nichts zu antworten vor Angst und zitterte nur. Aber Isaak sprach milde:

„Die Stimmen von Brüdern gleichen sich wohl, und die Wort kommen verwandt und gleichlautend aus ihren Mündern. Komm her, du, daß ich dich befühle und sehe mit sehenden Händen, ob du Esau seist, mein Ältester, oder nicht."

Thomas Mann, Joseph und seine Brüder. Die Geschichten Jaakobs,
© S. Fischer Verlag, Frankfurt/M. 1960; 1991, S. 205f

- Vergleichen Sie *Thomas Manns* Textgestaltung mit dem Bibeltext. Wie stellt *Mann* die „Intrigenstimme" dar? Wie sieht er die Rolle Jakobs? Welche Darstellung erscheint Ihnen glaubwürdiger?
- Darf man der Geschichte die Überschrift „Der große Betrug" geben?

2.4.2.3. Oder Gottes Ratschluss?
(Die innerbiblische Wirkungsgeschichte)

Verschiedene Prophetenschriften sagen die Zerstörung Edoms voraus (z.B. Jer 49,7–22). Maleachi deutet Gen 27 so, dass Gott Israel liebt, Edom jedoch verworfen habe:

Mal 1,2–5: „Ich habe euch lieb, spricht der Herr. Ihr aber sprecht: ‚Woran sehen wir, dass du uns lieb hast?' Ist nicht Esau Jakobs Bruder?, spricht der Herr; und doch hab ich Jakob lieb und hasse Esau und habe sein Gebirge öde gemacht und sein Erbe den Schakalen zur Wüste. Und wenn auch Edom spricht: Wir sind zerschlagen, aber wir wollen das Zerstörte wieder bauen!, so spricht der Herr Zebaoth: Werden sie bauen, so will ich abbrechen, und man wird sie nennen ‚Land des Frevels' und ‚Ein Volk, über das der Herr ewiglich zürnt'. Das sollen eure Augen sehen und ihr werdet sagen: Der Herr ist herrlich über die Grenzen Israels hinaus."

◉ Entspricht diese Deutung dem Text der Jakob-Esau-Geschichte (beachten Sie Gen 27,38–40!)?

Paulus nimmt das Wort Maleachis „Jakob habe ich geliebt, aber Esau habe ich gehasst" im Römerbrief auf. Im Abschnitt Röm 9–11 geht es Paulus um die Gültigkeit der Verheißungen Gottes an Israel (Röm 9,4f). Gefährdet die Ablehnung des Evangeliums durch viele Juden zu seiner Zeit die Gültigkeit der Verheißungen? Und stellt sie damit auch die Treue und Wahrheit Gottes in Frage? Verschiedene Antworten entfaltet Paulus in Röm 9–11, eine erste in Röm 9,6–13:

Röm 9,6–13: „Aber ich sage damit nicht, dass Gottes Wort hinfällig geworden sei. Denn nicht alle sind Israeliten, die von Israel stammen; auch nicht alle, die Abrahams Nachkommen sind, sind darum seine Kinder. Sondern nur, was von Isaak stammt, soll dein Geschlecht genannt werden', das heißt: nicht das sind Gottes Kinder, die nach dem

Fleisch Kinder sind; sondern nur die Kinder der Verheißung werden als seine Nachkommenschaft anerkannt.
Denn dies ist ein Wort der Verheißung, da er spricht: ‚Um
diese Zeit will ich kommen, und Sara soll einen Sohn
haben.‘ Aber nicht allein hier ist es so, sondern auch bei
Rebekka, die von dem einen, unserm Vater Isaak, schwanger wurde. Ehe die Kinder geboren waren und weder
Gutes noch Böses getan hatten, da wurde, damit der Ratschluss Gottes bestehen bliebe und seine freie Wahl –
nicht aus Verdienst der Werke, sondern durch die Gnade
des Berufenen –, zu ihr gesagt: ‚Der Ältere soll dienstbar
werden dem Jüngeren‘, wie geschrieben steht: ‚Jakob habe
ich geliebt, aber Esau habe ich gehasst.‘“

- Jakob und Esau stehen bei Paulus nicht stellvertretend
  für Israel und Edom, vielmehr dienen sie als konkrete
  Beispiele für das Auswahlhandeln Gottes. Paulus sagt:
  Gottes Verheißung meint „ehe die Kinder geboren wur-
  den“ (= von vornherein) die durch seine freie Gnade
  Erwählten. Gott sagt: „Wem ich gnädig bin, dem bin ich
  gnädig [...]“ (Röm 9,15/Ex 33,19). Welche Gedanken
  löst die Jakob-Esau-Deutung des Paulus bei Ihnen aus?
- Ist alles, was geschieht, Gottes Ratschluss? Auch Jakobs
  Betrug an Esau?
- Fallen Ihnen Beispiele ein, die Paulus Recht geben?
- Fallen Ihnen Beispiele ein, die Paulus widersprechen?
- Darf man der Geschichte die Überschrift „Gottes Rat-
  schluss“ geben?

Der Hebräerbrief deutet den Handel um Esaus Erstgeburtsrecht als ein Beispiel verspielter Gnade:

Hebr 12,14–16: „Jagt dem Frieden nach mit jedermann
und der Heiligung, ohne die niemand den Herrn sehen
wird, und seht darauf, dass nicht jemand Gottes Gnade
versäume; ... dass nicht jemand sei ein Abtrünniger oder
Gottloser wie Esau, der um der einen Speise willen seine
Erstgeburt verkaufte.“

- Entspricht diese Deutung dem Text der Jakob-Esau-Geschichte?
- Vergleichen Sie die Deutung des Hebräerbriefes mit Röm 9,6–13.
- Können Menschen die Gnade Gottes verspielen?

Weitere literarische Verarbeitungen der Jakob-Esau-Geschichten finden sich in: Martin Scharpe (Hg.), Erdichtet und erzählt. Das Alte Testament in der Literatur, Stuttgart 2005, S. 34–41; Herbert Vinçon (Hg.), Spuren des Wortes. Biblische Stoffe in der Literatur. Materialien für Predigt, Religionsunterricht und Erwachsenenbildung, Bd. III, Altes Testament, Stuttgart 1990, S. 257–265.

2.4.3. Unterricht

Die Jakob-Esau-Geschichte wird in der Regel in eine Einheit „Bevorzugt und benachteiligt: Geschwistergeschichten" für die Klassenstufe 6 eingebunden. Für das 3. und 4. Schuljahr wird ein „Lernen an Stationen", die Jakobs Weg von seiner Geburt bis zur Versöhnung mit Esau folgen, empfohlen *(Hans Härterich; Wilhelm Schwendemann u.a.)*.

2.4.3.1. Der eigene Ort in der Geschichte

Das jüngere Kind war nie ein Einzelkind. Es erlebt von Anfang an, dass ihm ein älteres Kind voraus ist. Möglicherweise hat es zudem den Eindruck der Ungleichheit, wenn das ältere Kind auf einem Vorrang besteht (und solches Festhalten an der ersten Stelle durch das Familienleben gestützt wird), möglicherweise auch den Wunsch, zu dem älteren Kind aufzuschließen oder die Rangfolge der Geschwister umzukehren. Ein erster Wahrnehmungsschritt gilt – wie bereits zur Kain-und-Abel-Geschichte – dem eigenen Ort in der Geschwisterreihe sowie in der Geschichte. Ziel ist es auch hier, dass die Schülerinnen und Schüler ihren eigenen (noch stillen) Gesprächspartner finden.

Jakob begegnet der Schülerin oder dem Schüler direkt, wenn sie oder er jüngeres Kind ist, indirekt über Esau, wenn sie oder er älteres Kind ist. Die Einstiegsfrage lautet erneut:

Wo ist mein Ort in der Geschichte?

Isaak & Rebekka

Esau & Jehudit/Basemat	Jakob & Lea/Rahel
Mahalat	
Esaus Söhne (Gen 36)	Ruben
	Simeon
	Levi
	Juda
	Dan
	Naftali
	Gad
	Asser
	Isaschar
	Sebulon
	Joseph
	Benjamin

2.4.3.2. Ein Interview mit Jakob

Nachdem die Geschichte den Schülerinnen und Schülern bekannt ist und sie ihren Ort in der Geschichte gefunden haben, kann die Methode, ein Interview zwischen Jakob und einem kritischen Journalisten im Unterricht durchzuführen, helfen, den jüngeren Bruder (in der Geschichte und im eigenen Erleben und Verhalten) genauer wahrzunehmen: Was fühlt er? Was denkt er? Was tut er? Das Interview, das nach der Versöhnung der Brüder geführt wird, kann klären, welche Einstellungen Jakob zu sich selbst, zu Esau und zu Gott hatte, und welches Ziel er verfolgte, z.B.:

115

- Jakob musste die Verheißung Jahwes erfüllen.
- Jakob wollte seiner Mutter nicht widersprechen.
- Jakob wollte Esau übertreffen, an erster Stelle stehen.

Die Frage nach Handlungsalternativen sollte mit der Methode „Familienkonferenz" (im folgenden Abschnitt) bearbeitet werden (Isaak und Rebekka müssen zu Wort kommen können!). Ein Beispiel für ein Interview mit Esau kann als Anregung dienen:

- ... Sie seien gierig und dumm gewesen, sagt man Ihnen nach. Für eine warme Mahlzeit haben Sie Ihr Erstgeburtsrecht verkauft!
  Esau: Die Leute reden unendwegt. Machen sich nicht Gedanken über ihre eigenen Unzulänglichkeiten, sondern immerzu über die vermeintlichen Fehler anderer.
- „Vermeintliche Fehler"? Würden sie es im Nachhinein nicht ebenfalls als äußerst dumm bezeichnen, aufgrund eines vorübergehenden Hungergefühls auf einen großen Teil des Erbes zu verzichten?
  Esau: Den Menschen, die nur auf Geld und materielle Werte schauen, mag es dumm vorkommen. Ich hatte einfach nur Hunger. Und ich war die ständigen Angiftereien meines Zwillingsbruders Jakob Leid. So ein Kinderkram! Aber kochen, das konnte der Kleine ... mmhhh ... Linsen, süß-sauer angerichtet! Wie das geduftet hat. Ich konnte nicht widerstehen!
- Mir scheint, Ihr Bruder hat seine Kochkünste zur Waffe im Kampf um das Erbe eingesetzt. Dieses Essen war ein Waterloo für Sie.
  Esau: Ich weiß gar nicht, weshalb Menschen so gerne in Kampf-Kategorien denken. Natürlich war Jakob ein schlaues Brüderchen. Von Kindheit an hat er mich getriezt, geärgert, gehänselt. Sie müssen wissen: Ich war am ganzen Körper stark behaart. Er dagegen war das perfekte, hübsche Muttersöhnchen schlechthin. Und er litt ungeahnte Qualen an der Tatsache, dass ich einige Sekunden früher als er dem Schoß unserer Mutter

Rebekka entkrochen bin. Später erfuhr ich von ihr, dass wir uns schon in ihrem Bauch ständig geknufft und gebufft haben. Bei der Geburt habe sich Jakob sogar mit seinem Händchen fest an meinen Fuß geklammert ...

- ... weil er sie an der Erstgeburt hindern wollte!
 Esau: Das wäre eine plausible Erklärung. Und würde zu Jakobs Feindseligkeit mir gegenüber passen.
- Sie sind ihm letztendlich unterlegen.
 Esau: Ach was. Im Endeffekt war ich der Stärkere. Es ist doch vollkommen abstrus: Ich komme von der Jagd nach Hause, war müde und hungrig wie ein Bär, rieche Jakobs Linsen – und bitte ihn um einen Teller. Da macht der doch glatt einen Tauschhandel draus: Erstgeburtsrecht gegen Linsentopf. Lächerlich! Völlig unangemessen!
- Warum sind Sie dann drauf eingegangen?
 Esau: Um ihm die Lächerlichkeit seines Vorschlags vor Augen zu führen. Das Ende der Geschichte zeigt: Es hat funktioniert.
- Nicht wirklich. Jakob hat – gemeinsam mit Ihrer gemeinsamen Mutter – vom Vater dann auch noch den Erstgeburtssegen erschwindelt!
 Esau: Darüber war ich außerordentlich betrübt. Einen alten Mann auf dem Sterbebett betrügen – so etwas tut man nicht. Das ist verwerflich. Ich muss zugeben: Nachdem dies geschehen war, spürte ich großen Hass auf ihn.
- Gut, dass Jakob geflohen ist ...
 Esau: Sein Glück, ja.
- Und gut, dass sich Jakob dann wieder zurückgetraut hat.
 Esau: Ich sagte ja bereits: Das Ende der Geschichte zeigt, dass mein Plan aufging. Nicht so, dass er mir von seinem Erbteil abgegeben hätte. Aber so, dass er vom Betrüger zum Bittsteller wurde. Er musste sich von seinem schlechten Gewissen befreien.
- Sie haben Ihrem Bruder vergeben. Eine bemerkenswerte Leistung nach dem, was er Ihnen angetan – besser gesagt: weg genommen – hat!

Esau: Ich hatte lange Zeit zur Verfügung, meinen Groll in den Griff zu bekommen. Mein Hass verwandelte sich während der Jahre in Mitleid, fast in Liebe. Die Schuld, die er auf sich genommen hatte, musste ihn unendlich drücken … Wenn Gott gnädig ist – dann wünscht er von uns Menschen nichts anderes, als ebenfalls vergebungsbereit zu sein. Jakobs Erleichterung darüber trug mich durch den Rest meines Lebens.

– Er wollte Ihnen viele Geschenke machen. Haben Sie sie angenommen?

Esau: Nein, nur eines habe ich gefordert: Linsen süßsauer. Jeden Monat eine Portion.

Sagen Sie mal, Esau … Interviews mit Personen der Bibel (103), Evangelisches Sonntagsblatt für Bayern vom 16.1.2005, © Uwe Birnstein, München

2.4.3.3. Eine „Familienkonferenz"

Thomas Gordon (1918–2002) bietet in seinem „Familientraining" („Parents Effectiveness Training") einen „niederlagenlosen Weg der Konfliktbewältigung" („Methode III") an. In sechs Stufen sollen gemeinsam in der Familie – freilich ausgehend von den Eltern! – Konfliktlösungen erarbeitet und erprobt werden. Entscheidend ist dabei, Konflikte von der Basis der Bedürfnisse sowohl der Kinder als auch der Eltern aus zu betrachten, um „Machtkampf-Lösungen" („Methode I": einer gewinnt und „Methode II": einer verliert) zu vermeiden.

Im Anschluss an die einzelnen Stufen des „P.E.T." können die Schülerinnen und Schüler in den Rollen Issaks, Rebekkas, Esaus und Jakobs eine „Familienkonferenz" abhalten. Die einzelnen Rollen sollten in Partner- oder (besser) Gruppenarbeit gut vorbereitet sein. Ziel ist es, dass die Schülerinnen und Schüler zu einer erweiterten Wahrnehmung ihrer eigenen Bedürfnisse/Ziele und der Mittel, mit denen sie ihre Ziele zu erreichen versuchen, gelangen. Weiterhin sollen sie eine Methode kennen lernen, mit deren Hilfe sie Konflikte innerhalb ihrer Geschwisterbeziehungen, auch innerhalb ihres Freundeskreises lösen können, ohne dass einer als Sieger, ein anderer als Verlierer aus dem Konflikt herausgehen muss. Keinesfalls aber sollen Schülerinnen und Schüler angeleitet werden, Therapeuten ihrer eigenen Familien zu werden – hierauf ist im Unterrichtsgeschehen unbedingt zu achten!

Als Konfliktsituation für die „Familienkonferenz" bietet sich Gen 27,1–45 an:

● *Stufe I:* Welche Bedürfnisse haben Isaak, Rebekka, Esau und Jakob in der Geschichte? Wie wird der Konflikt im Text gelöst? Wer gewinnt, wer verliert?

Mögliche Antworten:

Person	Bedürfnisse	Lösung im Text
Isaak	„Ich möchte, bevor ich sterbe, Esau, meinen älteren Sohn, segnen. Das ist Tradition."	Isaak wird betrogen und segnet zuerst Jakob. Als er den Betrug merkt, „entsetzt er sich über die Maßen" (V. 33).
Rebekka	„Ich möchte, dass Jakob, mein Lieblingssohn, den Segen Isaaks bekommt. Die Tradition darf nicht länger gelten; der Bessere soll gesegnet werden."	Rebekka stiftet Jakob an, Isaak zu betrügen. Als der Betrug bekannt wird, drängt sie Jakob zur Flucht: „Wozu sollte ich euer beider beraubt werden an einem Tag?" (V. 45).
Esau	„Ich möchte den Erstgeburtssegen meines Vaters bekommen. Ich bin der Ältere. Mir steht die erste Stelle zu."	Esau kommt zu spät; er bekommt den Erstgeburtssegen nicht; er ist Jakob gram und will ihn umbringen (V. 41).

Person	Bedürfnisse	Lösung im Text
Jakob	„Ich möchte den Erstgeburtssegen meines Vaters bekommen. Ich bin klüger als Esau. Er hat mir ja bereits sein Erstgeburts- recht für das Linsen- gericht verkauft."	Jakob kommt Esau zuvor, betrügt Isaak und bekommt den Segen – aber er muss die Familie verlassen (Gen 28).

Am Schluss der Geschichte, so sollte es deutlich werden, haben alle verloren: Isaak und Esau sind betrogen worden; Rebekka wird ihren Lieblingssohn lange nicht sehen, Jakob verlässt die Familie.

○ *Stufe II:* Welche anderen Lösungen sind möglich?

Mögliche Antworten:

- Esau erhält, weil es geltender Tadition entspricht, den Erstgeburtssegen und alle Privilegien. Jakob erkennt an, dass Esau der Erstgeburtssegen zusteht.
- Esau verzichtet zugunsten von Jakob auf den Erstge- burtssegen.
- Beide verzichten auf den Segen.
- Beide Söhne werden von Isaak gesegnet.

▮ Das ist – zumindest in wenig späterer Zeit – möglich: So segnet Jakob gegen den Willen Josephs sowohl Manasse als auch Ephraim, wobei er den jüngeren Bruder über den älteren setzt (Gen 48,14–20). Joseph segnet seine zwölf Söhne mit einem abgestuften Segen: an erster Stel- le steht dabei nicht Ruben, der Erstgeborene, sondern Juda (Gen 49,1–28).

● *Stufe III:* Was sind die Vor- und Nachteile der einzelnen Lösungsvorschläge?

● *Stufe IV:* Welche ist die beste annehmbare Lösung?

● *Stufe V:* Wie kann die Lösung ausgeführt werden?

● *Stufe VI:* Wie würde die Geschichte weiter verlaufen? Zum Schluss: Hat sich die Lösung bewährt?

Literatur:

Thomas Gordon, Familienkonferenz. Die Lösung von Konflikten zwischen Eltern und Kind, München [44]2005 (Parent Effectiveness Training. The No-Lose Program for Raising Responsible Children, New York 1970); ders., Familienkonferenz in der Praxis. Wie Konflikte mit Kindern gelöst werden, Hamburg 1978 (P.E.T. in action, New York 1976).

2.4.3.4. Mit Jakob beten

Ein Gebet Jakobs zu entwerfen, bietet einen Schutzraum, in dem Schülerinnen und Schüler Gedanken und Gefühle äußern können, die sie nicht in einem Interview mit Jakob und oder in der „Familienkonferenz" veröffentlichen wollten. Am Ende der Jakob-Esau-Geschichte kommt es zur Versöhnung der Brüder: „Esau aber lief ihm entgegen und herzte ihn und fiel ihm um den Hals und küsste ihn und sie weinten" (Gen 33,4).

Ein Bild, das die Schülerinnen und Schüler gestalten, kann Ausgangspunkt sein, ein Dankgebet Jakobs zu verfassen. *Jakob Steinhardt* hat die Szene 1950 in einem Holzschnitt dargestellt:

Abb. 6: Jakob Steinhardt, Jakob und Esau, Holzschnitt,
32,8 × 47,4 cm, 1950, © Jüdisches Museum Berlin.

Literatur:

Horst Klaus Berg, Altes Testament unterrichten: neunundzwanzig
Unterrichtsvorschläge, München/Stuttgart 1999, S. 108–119 („Der
Kampf mit dem Schatten" [9./10. Klasse]); Bernhard Denning u.a.,
Bevorzugt und benachteiligt: Geschwistergeschichten, in: Eckhart
Marggraf/Martin Polster (Hg.), Unterrichtsideen Religion. 6. Schul-
jahr. Arbeitshilfen für den Evangelischen Religionsunterricht in
Hauptschule, Realschule und Gymnasium, Stuttgart 1997, S. 52–
71; Hans Härterich, Jakob – ein Kämpfer findet seinen Weg. Ein
Erzählzyklus für das 3./4. Schuljahr, in: forum religion 2/1999, S.
27–39; 3/1999, S. 21–26; Magret Peek-Horn, Jakob und Esau, in:
Katechetische Blätter 6/1993, S. 382–388; Wilhelm Schwende-
mann/Ulrike Bock/Maria Otterbach, Geschwistergeschichten –
Geschwisterkonflikte. Lernen an Stationen zu Jakob und Esau,
Maria und Marta, Werkbuch Religionsunterricht 1 bis 6, Lahr 2004,
S. 18–60.

3. Das jüngste Kind:
Joseph und seine Brüder
(Gen 37,1–11; 50,15–21)

„(Gen 37,1–11) Jakob aber wohnte im Lande, in dem sein Vater ein Fremdling gewesen war, im Lande Kanaan. (2) Und dies ist die Geschichte von Jakobs Geschlecht: Joseph war siebzehn Jahre alt und war ein Hirte bei den Schafen mit seinen Brüdern; er war Gehilfe bei den Söhnen Bilhas und Silpas, der Frauen seines Vaters, und brachte es vor ihren Vater, wenn etwas Schlechtes über sie geredet wurde.

(3) Israel aber hatte Joseph lieber als alle seine Söhne, weil er der Sohn seines Alters war, und machte ihm einen bunten Rock [ein Prinzengewand]. (4) Als nun seine Brüder sahen, dass ihn ihr Vater lieber hatte als alle seine Brüder, wurden sie ihm Feind und konnten ihm kein freundliches Wort sagen. (5) Dazu hatte Joseph einmal einen Traum und sagte seinen Brüdern davon; da wurden sie ihm noch mehr Feind. (6) Denn er sprach zu ihnen: Hört doch, was mir geträumt hat. (7) Siehe, wir banden Garben auf dem Felde, und meine Garbe richtete sich auf und stand, aber eure Garben stellten sich ringsumher und neigten sich vor meiner Garbe. (8) Da sprachen seine Brüder zu ihm: Willst du unser König werden und über uns herrschen? Und sie wurden ihm noch mehr Feind um seines Traumes und seiner Worte willen. (9) Und er hatte noch einen zweiten Traum, den erzählte er seinen Brüdern und sprach: Ich habe noch einen Traum gehabt; siehe, die Sonne und der Mond und elf Sterne neigten sich vor mir. (10) Und als er das seinem Vater und seinen Brüdern erzählte, schalt ihn sein Vater und sprach zu ihm: Was ist das für ein Traum, den du geträumt hast? Soll ich und deine Mutter und deine Brüder kommen und vor dir niederfallen? (11) Und seine Brüder wurden neidisch auf ihn. Aber sein Vater behielt diese Worte."

3.1. Theologische Erschließung

Gen 37–50 schildert die letzte Phase der Geschichte der Erzväter (Gen 11,27–50,26) und den Übergang von der Familien- und Sippengeschichte in die Volksgeschichte (Ex 1,1–8). Die Geschehnisse der Josephsgeschichte beginnen und enden in der Jakobsfamilie. Die Komposition ist kunstvoll: sie beschreibt eine familiäre Erzähllinie, später eine politische Linie (die Jakobsfamilie spielt in Gen 39–41 keine Rolle), um schließlich beide Linien miteinander zu verknüpfen.

„Was sich dem ersten Augenschein als ein Familiendrama darbietet, hat auch eine soziale und politische Dimension: nicht nur im Gegenüber von Ägypten und Kanaan, sondern ebenso in der Darstellung einer Familie, die insgesamt die Urzelle des Volkes Israel und deren einzelne Glieder die Urväter der israelitischen Stämme sind [...]" (*Walter Dietrich*, S. 14).

Beide Dimensionen werden dabei stets theologisch gesehen: Alles ist Gottes Wirken.

Die Josephsgeschichte im einzelnen:

37,2–4	Joseph, der Liebling des Vaters
37,5–11	Josephs Träume
37,12–36	Joseph in der Zisterne; Joseph wird nach Ägypten verkauft
38	Tamar verschafft sich Nachkommen
39,1–20	Joseph bei Potifar
39,20–40,23	Joseph im Gefängnis
41	Joseph beim Pharao; die Deutung des Traumes des Pharaos
42	Josephs erste Begegnung mit seinen Brüdern
43,1–45,28	Die zweite Reise der Jakobssöhne nach Ägypten
46,1–5.28–34	Die Übersiedlung der Jakobsfamilie nach Ägypten

Mit *Claus Westermann* ist Gen 37–50 als „Kunsterzählung" zu bestimmen, die „nicht aus mündlicher Tradition, sondern in schriftlicher Gestalt aus der Konzeption eines Dichters erwachsen [ist]" (S. 13). Eine historische Figur „Joseph" ist nicht nachweisbar. „Joseph ist ein Kind der erzählenden Dichtkunst, eines Meisters der Prosa" (*Lux,* S. 21); was die Leserinnen und Leser von Joseph wissen, haben sie nur aus der Erzählung selbst erfahren, immerhin den stimmig entworfenen Lebenslauf Josephs von seiner Geburt (Gen 30,22–24) über den Tiefpunkt mit siebzehn Jahren (37,2), über den Aufstieg in Ägypten, bis Joseph dreißig Jahre alt ist (41,46), über den Tod Jakobs bis zu seinem eigenen Tod im Alter von einhundertzehn Jahren (50,22). Gen 37–50 kann als „Idealbiografie", die „den unaufhaltsamen Aufstieg eines schönen, in jeder Weise geschickten und gottesfürchtigen Jünglings vom Hütejungen zum zweiten Mann in Ägypten" beschreibt, gelesen werden (*Lux,* S. 30). Oder – mit *Gerhard von Rad* – als weisheitliche Lehrerzählung:

„[S]ie rollt ein mächtiges Gemälde ganz weltlicher Irrungen, eine Abfolge sich verschärfender Konflikte auf; aber diese Kette von Schuld und Leid hat nichts mit dem pessimistischen Schicksalsglauben der griechischen Tragödie zu tun, denn die Josephsgeschichte ist ausgesprochenermaßen eine Führungsgeschichte. Gott selbst hat alles zum Guten gelenkt" (1987, S. 186).

Die Josephsgeschichte beginnt Gen 37,2. Den inhaltlichen Rahmen bilden 37,4 (die Brüder können Joseph kein freundliches Wort sagen) und 50,21 (Joseph redet freundlich mit den Brüdern).

V. 1–2: In der Vorgeschichte wird erzählt, dass Joseph der Sohn Rahels, der Lieblingsfrau Jakobs, ist. Zwar ist er ihr Erstgeborener, doch in der Reihe der Söhne Jakobs nimmt er, zumindest bis zur Geburt Benjamins, den letzten Platz ein. Alle anderen Söhne Jakobs wurden vor ihm geboren (die Söhne Leas: Ruben, Simeon, Levi, Juda, Issachar und Sebulon, und die Söhne der Mägde Bilha und Silpa: Dan und Naftali sowie Gad und Asser). Der hebräische Name Joseph („er möge hinzufügen") zeigt den Wunsch Rahels nach einem weiteren Sohn. Wohl erst lange Zeit später wurde Benjamin geboren, doch Rahel starb bei seiner Geburt (35,18). Die Wirtschaftsform der Familie ist bekannt: Joseph war wie seine Brüder Kleinviehnomade. Sie weideten ihre Herden oft weit entfernt von der Wohnstatt des Vaters, in ständiger Gefahr vor Dürre und Hunger. Ein bescheidener Getreideanbau ergänzte die Wirtschaftsform (daher das Traumbild 37,7). Das Ansehen der Kleinviehnomaden war gerade aus der Perspektive einer Hochkultur wie Ägypten äußerst gering (Gen 46,34), umso erstaunlicher war die spätere Karriere des Hirten gerade dort. Joseph ist „Gehilfe bei den Söhnen Bilhas und Silpas", der Nebenfrauen Jakobs: er steht in der Geschwisterreihe am Schluss. Seine Funktion als Botengänger seines Vaters (auch 37,12f) nutzt er allerdings: er überbringt dem Vater das böse Gerede seiner Söhne. Eine erste Begründung für den Hass der Brüder auf Joseph ist gegeben (*von Rad,* 1972, S. 286).

V. 3–11: Der Hass der Brüder hat einen noch tieferen Grund, die Vorliebe des Vaters für Joseph, weil er „der Sohn seines Alters" ist – und vor allem, weil er der Sohn der geliebten Rahel ist. Ausdruck der väterlichen Vorliebe und für die Brüder sichtbares Zeichen seines Vorrangs ist ein Festgewand, genauer: ein Prinzengewand (2Sam 13,18), das Joseph von seinem Vater geschenkt bekommt, „ein

Luxus, der nur für solche in Frage kam, die nicht arbeiten mussten" (ebd.). Die Zeit seines Hirtendaseins scheint vorüber. Die Vorliebe des Vaters nicht nur zu spüren, sondern vor Augen zu haben (V. 4), schürt den schweigenden Hass der Brüder weiter.

Der Vorrang Josephs vor seinen Brüdern ist ebenso das Thema der Träume Josephs (die Garben der Brüder verneigen sich vor Josephs Garbe; Sonne, Mond und elf Sterne = die gesamte Jakobsfamilie verneigt sich vor Joseph). Die Leserinnen und Leser der Josephsgeschichte (und entsprechend in der Erzählung sowohl Joseph als auch seine Brüder) müssen die Traumbilder immer auch als von Gott eingegebene Weissagungen verstehen (am Schluss werden Josephs Träume Wirklichkeit: 42,6; 43,26.28; 50,18), nicht allein vordergründig als die Phantasien eines sich über die anderen stellenden Träumers. Gerade die sich wiederholende Doppelung von Träumen weist darauf hin: „Dass aber dem Pharao zweimal geträumt hat, bedeutet, dass Gott solches gewiss und eilends tun wird" (41,32; *Lux,* S. 84). Die Möglichkeit, dass Joseph seine Träume verschweigen könnte, besteht nicht: „Ein Traumgesicht war den Alten etwas so Gewichtiges und Verpflichtendes, daß ihm gegenüber die Forderung, es taktvoll bei sich zu behalten, gewiß nicht aufkommen konnte" (*von Rad,* 1972, S. 287). V. 11, die neidische Reaktion der Brüder, entspricht V. 4, dem schweigenden Hass.

Die unmittelbare Fortsetzung (V. 12–35): Aus dem Hass der Brüder wird die Absicht, Joseph zu töten. Ruben verhindert die Ausführung des Planes der Brüder mit dem eigenen Plan, Joseph in eine Grube, eine wasserlose Zisterne, zu werfen.

„Damit nimmt Ruben die Funktion des ältesten Bruders wahr. Wenn in der Familie der Väterzeit Gruppen oder Teile der Familie vom Vater entfernt waren, hatte der jeweils Älteste, wenn es notwendig wurde, die Rolle des Vaters zu übernehmen; für diese begrenzte Zeit hatte er die Verantwortung" (*Westermann,* S. 32f).

Im Text folgen nun zwei Varianten, die Josephs Weg nach
Ägypten begründen. In der ersten Variante ist es Juda (hier
hat er die Rolle des Ältesten), der Joseph das Überleben ret-
tet, in der zweiten Variante sind es midianitische Kaufleute,
die Joseph aus der Zisterne ziehen. Wie auch immer:
Joseph wird zu dem üblichen (Lev 27,4f) Preis von 20 Sil-
bersekel an eine Handelskarawane auf der Wegstrecke von
Damaskus nach Ägypten verkauft. Das blutverschmierte
Gewand, das dem Vater gebracht wird, soll diesen dazu
bewegen, den Tod des Sohnes zu bestätigen. Das Festgewand fungiert nun als rechtlicher Beweis und soll damit die
Brüder von jeder weiteren Haftung entbinden (*von Rad,*
1972, S. 290).

Abb. 7:
Lucas van Leyden,
Die Brüder zeigen
Jakob den
blutigen Mantel,
Kupferstich,
21 × 15 cm,
1517–1518,
London,
British Museum.

Die Karawane bringt Joseph nach Ägypten, er wird weiter-
verkauft an Potifar.

Der Schluss:

„(50,15–21) Die Brüder Josephs aber fürchteten sich, als ihr Vater gestorben war, und sprachen: Joseph könnte uns gram sein und uns alle Bosheit vergelten, die wir an ihm getan haben. (16) Darum ließen sie ihm sagen: Dein Vater befahl vor seinem Tode und sprach: (17) So sollt ihr zu Joseph sagen: Vergib doch deinen Brüdern die Missetat und ihre Sünde, dass sie so übel an dir getan haben. Nun vergib doch diese Missetat uns, den Dienern des Gottes deines Vaters! Aber Joseph weinte, als sie solches zu ihm sagten. (18) Und seine Brüder gingen hin und fielen vor ihm nieder und sprachen: Siehe, wir sind deine Knechte. (19) Joseph aber sprach zu ihnen: Fürchtet euch nicht! Stehe ich denn an Gottes statt? (20) Ihr gedachtet es böse mit mir zu machen, aber Gott gedachte es gut zu machen, um zu tun, was jetzt am Tage ist, nämlich am Leben zu erhalten ein großes Volk. (21) So fürchtet euch nun nicht; ich will euch und eure Kinder versorgen. Und er tröstete sie und redete freundlich mit ihnen."

Nach Jakobs Tod (49,32) fürchten die Brüder Josephs die späte Vergeltung (V. 15). Der letzte Wunsch des Vaters, sein Testament (*Lux,* S. 206), gilt allen Söhnen gleich. Ob Jakob diesen Wunsch tatsächlich geäußert hat oder die Brüder nur vorgeben, dass es Jakobs letzte Worte waren, ist nicht entscheidend. Die doppelte Bitte um Vergebung mit dem Eingeständnis der Schuld (V. 17) ist Voraussetzung für die Versöhnung zwischen Joseph und seinen Brüdern. *Rüdiger Lux* zeigt anhand des hebräischen Wortsinnes, wie tiefgehend das Verständnis von Vergebung zur Zeit der Abfassung der Josephsgeschichte war. *Lux* übersetzt das hebräische nasa' in V. 17 mit „tragen", „aufheben": „Ach, [er]trage [sa'] doch das Verbrechen deiner Brüder und ihre Schuld, denn Unheil haben sie dir bereitet. Nun aber [er]trage doch das Verbrechen der Knechte des Gottes deines Vater" (ebd.). So verstanden bedeutet der Wunsch Jakobs, dass Joseph die Last der Schuld seiner Brüder nicht nur von ihnen, sondern zugleich *auf sich* nehmen soll. Vergebung wird als Übernahme einer Last gesehen. Mit der ersten Bitte V. 17 soll die Möglichkeit eines Weiterlebens im Familienverband (als Brüder) eröffnet werden, mit der zweiten Bitte soll Joseph seine Brüder in ihrer Gottesbeziehung (als „Diener Gottes", „Knechte Gottes") sehen. Beides wird noch einmal verstärkt (V. 18): die Brüder fallen vor Joseph nieder (sein Traum zu Beginn der Geschichte ist Wirklichkeit geworden) und bezeichnen sich selbst als Knechte Josephs (die konfliktbeladene Rangfolge zu Beginn gilt nicht mehr). In ihrer Gottesbeziehung unterstehen sie nun aber nicht mehr dem Urteil Josephs, sondern allein dem Urteil Gottes (V. 19), der die Geschichte durch die Versöhnung zum guten Ende führen will (V. 20).

Folgende Aussagen der Josephsgeschichte lassen sich festhalten:

- Der Konflikt zwischen den Brüdern und Joseph entsteht aufgrund ihrer Ablehnung, sich ihm zu unterwerfen.
- Durch Gottes Führung erhält Joseph eine Machtstellung (auch) über die Jakobsfamilie.
- „Der Verzicht der Brüder auf das Recht der Erstgeborenen einerseits und der Verzicht Josefs auf die Praxis der Vergeltung andererseits, die beiderseitige Selbstbeschränkung, die sie sich um des Bruders und um Gottes willen auferlegen, diese Selbstrücknahme schafft Raum für wirkliche Versöhnung" (*Lux*, S. 210).

- Am Schluss hat sich der schweigende Hass (37,4) in freundliche Rede (50,21) gewandelt. „Unter dem Eindruck der rettenden Führung Jahwes vergibt Joseph seinen Brüdern; aber auch sie, die Brüder, sind – das haben die verwegenen Erprobungen durch Joseph deutlich gezeigt – inzwischen andere geworden" (*von Rad*, 1987, S. 186f).

Literatur:

Walter Dietrich, Die Josephserzählung als Novelle und Geschichts-schreibung. Zugleich ein Beitrag zur Pentateuchfrage, Biblisch-Theologische Studien 14, Neukirchen-Vluyn 1989; Rüdiger Lux, Josef. Der Auserwählte unter seinen Brüdern, Biblische Gestalten 1, Leipzig 2001; Gerhard von Rad, Das erste Buch Mose. Genesis, Das Alte Testament Deutsch 2/4, Göttingen 1972; ders., Theologie des Alten Testaments, Bd. 1, Die Theologie der geschichtlichen Über-lieferungen Israels, München ⁹1987; Horst Seebass, Genesis III. Josephgeschichte (37,1–50,26), Neukirchen-Vluyn 2000; Claus Westermann, Genesis, 3. Teilbd, Genesis 37–50, Biblischer Kommentar Altes Testament I/3, Neukirchen-Vluyn 1982.

3.2. Psychologische Deutungsangebote

Eine Deutung mit Hilfe des psychodynamischen Modells, also Joseph in seiner sozialen Umwelt zu sehen, bietet sich an.

In individualpsychologischer Betrachtung ist erneut die Stellung in der Geschwisterreihe Ausgangspunkt der Über-legungen. *Alfred Adler* notiert zur Josephsgeschichte:

„In der Bibel finden wir ausgezeichnete Beschreibungen jüngster Kinder [...], wie zum Beispiel die Geschichte von Joseph [...] Joseph hatte zwar einen jüngeren Bruder, doch dieser wurde geboren, als Joseph schon siebzehn Jahre alt war, so daß als Kind Joseph der Jüngste gewesen war" (1976, S. 75f). „Sogar in seinen Träumen behauptet er seine Überlegenheit. Die anderen müssen sich vor ihm beugen; er stellt sie alle in den Schatten. Seine Brüder verstanden seine Träume sehr gut, was für sie nicht schwer war, weil sie Joseph um sich hatten und seine Haltung deutlich genug war. Die Gefühle, die in Josephs Träumen hervortraten, hatten sie auch gespürt. Sie fürchteten ihn und wollten ihn deshalb los sein. Vom Letzten avan-cierte Joseph allerdings zum Ersten. Später wurde er die Stütze der ganzen Familie, was beim Jüngsten oft der Fall ist" (1979, S. 123).

Abb. 8: Peter von Cornelius, Joseph gibt sich seinen Brüdern zu erkennen, Fresko, 236 × 290 cm, 1816, Berlin, Nationalgalerie, © Bildarchiv Preußischer Kulturbesitz, Berlin.

Grundsätzlich gelte:

„Die Menschen scheinen eigentlich schon lange gewußt zu haben, daß der Jüngste meist ein besonderer Typus ist [...] Tatsächlich wächst er in einer ganz anderen Situation auf als alle anderen Kinder. Er ist für die Eltern ein besonderes Kind, er erfährt als Jüngster eine besondere Behandlung. Als Jüngster erscheint er gleichzeitig auch als der Kleinste, infolgedessen Bedürftigste, zu einer Zeit, wo die anderen Geschwister schon selbständiger, fertig, erwachsen dastehen. Daher wächst er auch meist in einer wärmeren Atmosphäre auf als die anderen. Aus dieser Situation erwächst ihm eine Anzahl von Charakterzügen, die seine Stellungnahme zum Leben in besonderer Weise beeinflussen, eine besondere Persönlichkeit aus ihm formen. Dazu kommt noch ein Umstand, der scheinbar einen Widerspruch bedeutet. Es ist für kein Kind eine angenehme Situation, immer als der Kleinste zu gelten, dem man nichts zutraut, dem man nichts anvertrauen darf. Das reizt das Kind so sehr, daß es meist danach strebt, zu zeigen, was es alles könne. Sein Machtstreben erfährt eine

Verschärfung. So wird der Jüngste meist ein Mensch sein, dem nur die beste Situation genügt, der ein Streben in sich entwickelt, alle anderen zu überspringen" (1966, S. 138f).

Literatur:

Alfred Adler, Kindererziehung, Frankfurt/M. 1976 (Rückübersetzung des verlorengegangenen dt. Originals; The Education of Children, New York 1930); ders., Menschenkenntnis, Leipzig 1927, Nachdruck der Ausgabe Zürich 1947: Frankfurt/M. 1966; ders., Wozu leben wir?, Frankfurt/M. 1979 (What life should mean to you, Boston 1931).

3.3. Impulse für die Praxis

Eine Vorbemerkung von *Rüdiger Lux:*

„Nicht nur wir haben das Recht, Fragen zu stellen. Ein ‚Gespräch mit Josef' wird erst dann spannend, wenn wir uns als die Befragten wiederfinden. Darauf käme es an, dass wir Josef als Fremden in unser Leben hineinsprechen lassen, als einen, der unsere Alltäglichkeiten und Selbstverständlichkeiten aufbricht. Es könnte ja sein, dass unsere Normalitäten gar nicht so normal sind, dass unsere Vernünftigkeiten sich als der pure Leichtsinn erweisen, dass sich in unsere Aufgeklärtheit längst wieder der Aberglaube eingeschlichen hat, dass das, was für uns Sinn macht, letztlich nichts als ein ganz alltäglicher Unsinn ist" (S. 14).

3.3.1. Gottesdienst

Aus der Josephsgeschichte wird in der evangelischen Lese- und Predigttextordnung Gen 50,15–21 als alttestamentliche Lesung und als Predigttext (Reihe III) für den 4. Sonntag nach Trinitatis vorgeschlagen. Allerdings können sich Predigerinnen und Prediger nicht auf die Schlussverse der Geschichte beschränken, sie haben die ganze Geschichte im Blick.

3.3.1.1. Ganz einfache Predigt am Ende der Geschichte

Jörg Baur predigt 1997 über Gen 50,15–21 und beginnt verblüffend: „Heute also Josef [...] Was gibt es da schon zu predigen?" Die Josephsgeschichte (freilich ist die ganze Geschichte gemeint) sei eine Geschichte, in der es um harte Realität gehe, „auch eine Geschichte voll von starken Gefühlen ihres Helden – sieben Mal hören wir: Josef weinte (43,30–50,17) –, der doch gar kein Softy ist, sondern ein Herr, der auf sich hält, mit goldener Amtskette (41,42) und Dienstwagen (41,43) [...]" Die Story gebe zu lernen: wie aus einem verwöhnten, auch arroganten Überflieger ein verantwortlich handelnder Staatsmann werde, was Disziplin und Treue im Amt heißen. *Baur* fragt ein zweites Mal: „Nun gut, aber was soll das uns heute?"

Zwei Gedanken schließt *Baur* aus:

Der erste Gedanke: „Wie exemplarisch, wie überzeugend allgemein-menschlich ist die ganze Angelegenheit?" Aufbrechende Emotionen in der Sippengeschichte: „Liebe, Hass, Neid, aber auch sich bewährende Fürsorge der Brüder, der Schmerz Jakobs um den vermeintlich vom Raubtier zerrissenen Josef und schließlich das Weinen der Freude an Hals und Brust der Brüder (45,15f). Ein Geflecht von Verwirrungen, das sich schließlich entspannt. Aber keine ganz dunklen Abgründe." Daher: „Weil keine Abgründe aufbrechen, auch kein letztes Sich-ergründen der Schuldigen? Schließlich doch nur ,Schwamm drüber', ,Gott schreibt auch auf krummen Linien gerade' und also, scharf geurteilt: ein ,ruchloser Optimismus' (Schopenhauer) [...]?" Doch hier werde nicht ins Verheißene aufgebrochen, kein Gott gehe voran in Wolke und Feuersäule, kein Donnergrollen am Sanai.

Der zweite Gedanke: „Ein exemplarisches kleines Welttheater mit glücklichem Ausgang? Uns zur Beruhigung: Josef als Erinnerungsposten für unstabile Charaktere: ,Nehmt euch zusammen, dem Tüchtigen, dem Treuen, dem Besonnenen kann und muss es doch gelingen'." Auch das nicht, so *Baur,* der ein drittes Mal fragt: „Was aber dann?"

Allein die Möglichkeit und Notwendigkeit, von Gott zu sprechen, begründe, von Joseph und seiner Geschichte zu predigen. „Keinen Augenblick sind die so ganz ins Irdische und Alltägliche eingebundenen Akteure vom gegenwärtigen Gott abgekoppelt und nur sich selbst überlassen." Gerade dies erzähle und verkündige die Josephsgeschichte:

„Kein Gelingen ist unsere Leistung, kein Glück ist blindes Verteilen von Lebensgütern; kein Gutes ist gut, wenn es nicht als empfangener Segen angenommen wird. Keine sittliche Handlung hält stand ohne die Gewissheit: Gott will, Gott will nicht. Keine Lebensdeutung kommt auf die Spur des Zukünftigen. Aber Gott öffnet die Augen, wenn er schenkt. Und vor allem: Er tut, was geschieht."

Hier komme die abgründige Spannung ins Geschehen: „Gott und Mensch tun dasselbe, und doch ist es nicht dasselbe." Den um ihr Leben fürchtenden Brüdern werde Joseph zum „Mund des Freispruchs":

„Nicht, dass er vergibt, nicht, dass er seinen ‚Edelmut' erweist, wird jetzt entscheidend. Die Wahrheit über die Täter und die Wahrheit über Gottes Vornehmen und Tun wird aufgedeckt: ‚Ihr gedachtet es böse mit mir zu machen, aber Gott gedachte es gut zu machen' (50,20). ‚Ihr – aber Gott'. Beide tun dasselbe und doch gerade das Gegenteil. Das ist die unheimliche und doch ganz einfache Predigt am Ende dieser Geschichte von Josef."

Er nehme den ausweglos Gewordenen ihre Furcht, sie können aufatmen, er müsse sich nicht rächen.

„Weil er Gottes Herz kennt und das göttliche ‚Aber', das stärker ist als alle Verwirrungen, die wir erleiden, als alle Schuld, in der wir uns verstricken. Und so tritt aus der profanen Josefsgeschichte die Verkündigung vom vorsehenden Walten unseres Gottes an unser Herz. Amen."

3.3.1.2. ... und neuer Anfang

Peter Weigandt rückt die Brüder Josephs in die Mitte seiner 1999 entworfenen Predigt. Er skizziert zu Beginn kurz die Geschichte bis zum Begräbnis Jakobs.

„Jakob, der schon als alter Mann nach Ägypten gekommen war, starb nach einigen Jahren. Seine Söhne begruben ihn in seiner Heimat und kehrten nach Ägypten zurück. Doch dann bekamen Josephs Brüder es mit der Angst zu tun. Zwischen ihnen und dem Bruder, der einst wehrlos und nun übermächtig war, stand noch die unbewältigte Vergangenheit. Sie war alt und anscheinend längst vergessen, aber unterschwellig immer gegenwärtig. Die verdrängte Schuld brach wieder auf. Sie wurden unsicher. Wie würde sich Joseph verhalten? Ihr schlechtes Gewissen ließ sie die Zukunft fürchten. Ihr Bruder könnte sich an ihnen für das rächen, was sie ihm einst angetan hatten, jetzt, da ihnen der sichere Schutz des Vaters fehlte. Er war ja tot, sie selber gehörten plötzlich nicht mehr der Generation der Söhne an, sondern der der Väter. Doch sie weigerten sich, ihre neue Rolle zu übernehmen und damit die Verantwortung für ihr einstiges Tun. Sie sahen sich vor einem schier unlösbaren Konflikt. Wie sollten sie nur ihre schreckliche Vergangenheit bewältigen?"

Weigandt nimmt das Stichwort auf, um in die Gegenwart der Hörerinnen und Hörer hinein zu fragen – sein Predigtziel:

„Und wir, wie gehen wir mit unserer unbewältigten Vergangenheit um, mit der individuellen in Gestalt persönlicher Niederlagen, mit jahrelanger Drangsalierung durch einen autoritäten Vater oder selber ein solcher, in Gestalt nicht auflösbarer Abhängigkeit im Betrieb? Wie gehen wir mit der noch immer nicht bewältigten Vergangenheit des tausendjährigen Reiches um? Der andauernde und schwerlich befriedigend zu beendende Streit um das Holocaust-Denkmal weist überdeutlich auf diese Wunde hin. Wie gehen wir mit den 40 Jahren DDR um, wie in den alten, wie in den neuen Bundesländern?"

Die Brüder Josephs, so *Weigandt* weiter, schickten Benjamin als Boten:

„Nur versteckt hinter der Autorität des Vaters, von der sie sich Schutz versprachen, und durch einen Mittelsmann wagten sie es, Joseph anzusprechen. Geschickt hatten sie den Vater als eine mit hoher Autorität ausgestatte Symbolkraft ins Spiel gebracht. Es hätte auch das Volk, der Führer, die Partei, die Kirche sein können – je nachdem. Mit des toten Vaters Hilfe gedachten sie, Josephs Handlungsspielraum ihnen gegenüber einzuschränken, ja – wenn möglich – zunichte zu machen."

Benjamin, zu den Brüdern zurückgekehrt, berichtete, Joseph habe nichts gesagt, sondern nur geweint.

„Was hatte Joseph weinen lassen – wenn nicht die tiefe Unmenschlichkeit, die im falschen Spiel seiner Brüder sichtbar wurde? [...] Joseph war am Ende. Was blieb ihm außer Tränen? Diese Tränen ließen den Brüdern das Versöhnungsmanöver im Halse steckenbleiben. Sie verschlugen ihnen die Rede vom Testament des gemeinsamen Vaters und von der eigenen Frömmigkeit. Josephs Wehrlosigkeit hatte die Brüder gleichfalls wehrlos gemacht. Jetzt waren auch sie am Ende, an dem Ende, das allein einen neuen Anfang ermöglicht."

Weil Joseph auf Rache verzichtete, weil er den Teufelskreis der Vergeltung durchbrach, stand „die Tür zu einer hellen Zukunft" wieder offen: „,Stehe ich denn an Gottes Statt?', hatte Joseph gesagt. Dürfen wir uns anmaßen, zu richten? Leben wir nicht alle von der Vergebung Gottes?"

Weigandt beantwortet im Schlussteil seiner Predigt die anfangs gestellte Frage:

„Die Josepherzählung ist eine zutiefst menschliche Geschichte. In ihr begegnen sich Menschen in allem, dessen sie fähig sind: in abgrundtiefem Haß wie in liebender Vergebung. Und sie läßt uns erkennen, wie Gottes Handeln in tiefster Weltlichkeit verborgen ist, daß wir – auch wenn wir es nicht wahrnehmen – mitten in Gottes Heilsgeschichte stehen: da, wo uns vergeben wird, da, wo wir vergeben, als Befreite und als Befreiung Überbringende. Diese Geschichte zeigt uns, daß wir als Menschen ohne Vergebung nicht leben können. Denn mit den Verhältnissen, die nicht so sind, können wir uns nicht entschuldigen, weil diese Verhältnisse immer ein Geflecht von eigener und fremder Verantwortung, von eigener und fremder Schuld sind. Dieses Geflecht gilt es zu erkennen, zu benennen, zu entwirren. Vergebung heißt: den Teufelskreis der Verhältnisse zu durchbrechen, miteinander neu anzufangen, ernst zu nehmen, daß uns vergeben wird, wie es im Evangelium dieses Sonntags heißt."

Am Ende der Predigt – als Bestärkung – Dietrich Bonhoeffer:

„Ich glaube, daß Gott aus allem, auch aus dem Bösesten, Gutes entstehen lassen kann und will. Dafür braucht er Menschen, die sich alle Dinge zum Besten dienen lassen ... Ich glaube auch, daß unsere Fehler und Irrtümer nicht vergeblich sind, und daß es Gott nicht schwerer ist, mit ihnen fertig zu werden, als mit unseren vermeintlichen Guttaten."

3.3.1.3 ... im Gebet

Wie der Hirsch lechzt nach frischem Wasser,
so schreit meine Seele, Gott, zu dir.
Meine Seele dürstet nach Gott,
nach dem lebendigen Gott.
Wann werde ich dahin kommen,
dass ich Gottes Angesicht schaue?
Meine Tränen sind meine Speise Tag und Nacht,
weil man täglich zu mir sagt: Wo ist nun dein Gott?
Daran will ich denken
und ausschütten mein Herz bei mir selbst:
wie ich einherzog in großer Schar,
mit ihnen zu wallen zum Hause Gottes
mit Frohlocken und Danken
in der Schar derer, die da feiern.
Was betrübst du dich, meine Seele,
und bist so unruhig in mir?
Harre auf Gott; denn ich werde ihm noch danken,
dass er meines Angesichts Hilfe und mein Gott ist.
Mein Gott, betrübt ist meine Seele in mir,
darum gedenke ich an dich
aus dem Land am Jordan und Hermon, vom Berge Misar.
Deine Fluten rauschen daher,
und eine Tiefe ruft die andere;
alle deine Wasserwogen und Wellen gehen über mich.

Am Tage sendet der Herr seine Güte,
und des Nachts singe ich ihm
und bete zu dem Gott meines Lebens.
Ich sage zu Gott, meinem Fels:
Warum hast du mich vergessen?
Warum muss ich so traurig gehen,
wenn mein Feind mich dränget?
Es ist wie Mord in meinen Gebeinen,
wenn mich meine Feinde schmähen
und täglich zu mir sagen: Wo ist nun dein Gott?
Was betrübst du dich, meine Seele,
und bist so unruhig in mir?
Harre auf Gott; denn ich werde ihm noch danken,
dass er meines Angesichts Hilfe und mein Gott ist.

Psalm 42,2–12

Herr, gib mir Mut zum Brückenbauen,
gib mir den Mut zum ersten Schritt.
Lass mich auf deine Brücken trauen
und wenn ich gehe, geh du mit.

Ich möchte gerne Brücken bauen,
wo alle tiefe Gräben sehn.
Ich möchte über Zäune schauen
und über hohe Mauern gehen.

Ich möchte gerne Hände reichen,
wo jemand harte Fäuste ballt.
Ich suche unablässig Zeichen
des Friedens zwischen Jung und Alt.

Ich möchte nicht zum Mond gelangen,
jedoch zu meines Feindes Tür.
Ich möchte keinen Streit anfangen.
Ob Friede wird, liegt auch an mir.

Kurt Rommel (1963), © Gustav Bosse Verlag, Kassel

Literatur:

Jörg Baur, „Edel sei der Mensch". Predigt über 1. Mose 50,15-21 am 22. Juni 1997, in: ders., Am Ende: Gottes Wort. Predigten 1995–2002, Neuendettelsau 2002, S. 63–68; Peter Weigandt, Predigt über Gen 50,15– 21 am 27. Juni 1999, in: Göttinger Predigten im Internet, www.predigten.uni-goettingen.de.

3.3.2. Bibelgespräch

Das Vorverständnis der Teilnehmerinnen und Teilnehmer mag noch den frühen Erfahrungen im Kindergottesdienst oder in der Grundschule entstammen: Joseph ist gut und edelmütig, seine Brüder sind hinterhältig und gemein. Auch das Evangelium für den 4. Sonntag nach Trinitatis (Lk 6,36–42) kann leicht die Deutung der alttestamentlichen Lesung vorgeben: „Vergebt, so wird euch vergeben." Doch ist damit die Tiefe der Josephsgeschichte noch nicht erreicht.

Die genaue Textbeobachtung (mit Hilfe der Västeras-Methode: vgl. oben zur Kain-und-Abel-Geschichte S. 63) ist Voraussetzung für eine vertiefte Auseinandersetzung. Zur Formulierung einer Leitfrage für das Bibelgespräch bietet sich das Motiv des weinenden Joseph an (Gen 50,17 und bereits sechsmal zuvor: 43,30; 45,2; 45,14; 45,15; 46,29; 50,1): Warum die Tränen des Jüngsten, dem doch alles glückt? Büßt der Jüngste mit Traurigkeit für die Liebe des Vaters (mit *Else Lasker-Schüler*)? Lässt ihn das scheinbar nie enden wollende falsche Spiel seiner Brüder weinen *(Thomas Mann)*? Oder ist es das Gegenüber von Gottes Willen und menschlicher Verweigerung (so in der innerbiblischen Wirkungsgeschichte)?

3.3.2.1. Buße für des Vaters Liebe?

Else Lasker-Schüler, Vertreterin des Deutschen Expressionismus, entwarf 1920 das folgende Sprachbild:

Joseph

> Die Winde spielten müde mit den Palmen noch
> So dunkel war es schon Mittag in der Wüste,
> Und Joseph sah den Engel nicht, der ihn vom
> Himmel grüßte
> Und weinte, da er für des Vaters Liebe büßte
> Und suchte nach dem Cocos seines schattigen
> Herzens doch.
>
> Der bunte Brüderschwarm zog wieder nach
> Gottosten
> Und er bereute seine schwere Untat schon
> Und auf den Sandweg fiel der schnöde Silberlohn.
> Die fremden Männer aber ketteten des Jakobs Sohn
> Bis ihm die Häute drohten mit dem Eisen
> zu verrosten.
>
> So oft sprach Jakob inbrünstig zu seinem Herrn,
> Sie trugen gleiche Bärte, Schaum von einer Eselin
> gemolken
> Und Joseph glaubte jedes Mal sein Vater blicke
> aus den Wolken
> Und eilte über heilige Bergeshöhn, ihm
> nachzufolgen
> Bis er dann ratlos einschlief unter einem Stern.
>
> Die Käufer lauschten dem entrückten Knaben,
> des Vaters Andacht atmete aus seinem Haare;
> Und sie entfesselten die edelblütige Ware
> Und drängten sich zu tragen, Canaans Prophet
> in einer Bahre,
> Wie die bebürdeten Kamele durch den Sand
> zu traben.

Egypten glänzte feierlich in goldenen
Mandelfarben
Da dieses Jahr die Ernte auf den Salbtag fiel.
Die kleine Karawane, endlich nahte sie dem Ziel.
Sie trugen Joseph in das Haus Potiphars am Nil.
An seinem Traum hingen aller Deutung Garben.

Else Lasker-Schüler, Joseph (1920), in: dies., Sämtliche Gedichte,
hg. von Karl Jürgen Skrodzki, Frankfurt/M. 2004, S. 332f,
© Suhrkamp Verlag, Frankfurt/M. 1992

- ◉ Wie stellt die Dichterin Joseph dar?
- ◉ Büßt Joseph für die Liebe Jakobs? Ist es das Schicksal jüngster Kinder, für die besondere Beachtung, Wertschätzung und Liebe ihrer Eltern einen Preis bezahlen zu müssen? Welchen?
- ◉ „Und Joseph glaubte jedes Mal sein Vater blicke aus den Wolken": Erinnert Sie das Bild an eigene Erfahrungen?
- ◉ Welche Bedeutung gibt *Lasker-Schüler* dem Traum Josephs?
- ◉ Welche Bedeutung haben für Sie Träume? Sind sie „Gottes vergessene Sprache" *(Helmut Hark)*? Deuten sie, was geschehen ist oder geschehen wird? Oder doch: Träume sind Schäume?

3.3.2.2. Oder falsches Spiel?

Thomas Mann erzählt 1943 im vierten Band seines Josephsromans, „Joseph, der Ernährer", wie die Josephs Rache fürchtenden Brüder Benjamin vorschicken:

Also ging Benjamin zum Erhöhten ins Zelt und sagte verlegen:

„Joseph-el, verzeih' die Störung, aber die Brüder lassen dir kundtun durch mich, der Vater habe auf seinem Sterbebett dich heilig ersuchen lassen, daß du ihnen kein Leides tust für das Verjährte nach seinem Tode, denn auch danach wolle er zwischen euch sein zu ihrem Schutz und dir die Rache verwehren."

„Ist das denn wahr?" fragte Joseph und bekam feuchte Augen.

„So besonders wahr ist's wahrscheinlich nicht", antwortete Benjamin.

„Nein, denn er wußte, es sei nicht vonnöten", setzte Joseph hinzu, und zwei Tränen lösten sich von seinen Wimpern.

„Sie sind wohl hinter dir vor dem Haus?" fragte er.

„Sie sind da", antwortete der Kleine.

„So wollen wir zu ihnen hinausgehen", sagte Joseph.

Thomas Mann, Joseph und seine Brüder. Joseph, der Ernährer,
© S. Fischer Verlag, Frankfurt/M. 1960; 1991, S. 540

◉ Vergleichen Sie *Thomas Manns* Textgestaltung mit dem Bibeltext.

◉ Lässt das scheinbar nie enden wollende falsche Spiel seiner Brüder Joseph weinen?

◉ Benjamin wird zum Boten für die Brüder. Was hindert Menschen immer wieder daran, den direkten Weg zu gehen?

◉ Warum projizieren Menschen ihre Schuld auf andere? Warum leben sie nicht „in Fried und Eintracht"? Weil die Verhältnisse nicht so sind? (So Jonathan Jeremiah Peachum in *Brechts* Dreigroschenoper.)

3.3.2.3. Oder Gottes Wille und des Menschen Verweigerung? (Die innerbiblische Wirkungsgeschichte)

Apg 7,1–53 überliefert die Rede des Märtyrers Stephanus. Sie zielt darauf ab, zu belegen, dass die ganze Geschichte Israels von der Verweigerung gegenüber dem Willen Gottes bestimmt war (V. 51). Die Josephsgeschichte fungiert – neben der Abrahams-, und der Mosegeschichte – als Beleg:

Apg 7,8–16: „Und er gab ihm den Bund der Beschneidung. Und so zeugte er Isaak und beschnitt ihn am achten Tage, und Isaak den Jakob, und Jakob die zwölf Erzväter.

Und die Erzväter beneideten Joseph und verkauften ihn nach Ägypten. Aber Gott war mit ihm und errettete ihn aus aller seiner Bedrängnis und gab ihm Gnade und Weisheit vor dem Pharao, dem König von Ägypten; der setzte ihn zum Regenten über Ägypten und über sein ganzes Haus. Es kam aber eine Hungersnot über ganz Ägypten und Kanaan und eine große Bedrängnis, und unsre Väter fanden keine Nahrung. Jakob aber hörte, dass es in Ägypten Getreide gäbe, und sandte unsre Väter aus zum ersten Mal. Und beim zweiten Mal gab sich Joseph seinen Brüdern zu erkennen; so wurde dem Pharao Josephs Herkunft bekannt. Josef aber sandte aus und ließ seinen Vater Jakob holen und seine ganze Verwandtschaft, fünfundsiebzig Menschen. Und Jakob zog hinab nach Ägypten und starb, er und unsre Väter; und sie wurden nach Sichem herüber-gebracht und in das Grab gelegt, das Abraham für Geld gekauft hatte von den Söhnen Hamors in Sichem."

- ◉ Wie wird Gottes Handeln an Joseph beschrieben? Entspricht die Beschreibung ihrer Vorlage Gen 37–50?
- ◉ Die Stephanusrede bezeichnet die Brüder Josephs als „unsere Väter". Stimmen Sie zu?
- ◉ Gottes Wille und des Menschen Verweigerung: Fallen Ihnen Beispiele ein? Kann der Mensch nicht anders, als sich immer wieder dem Willen Gottes zu verweigern? Weint Joseph über Allzumenschliches?
- ◉ Oder gilt: „Gott und Mensch tun dasselbe. Beide tun dasselbe und doch gerade das Gegenteil" *(Jörg Baur)*? Fallen Ihnen Beispiele ein?

Weitere literarische Verarbeitungen der Josephsgeschichte finden sich in: Martin Scharpe (Hg.), Erdichtet und erzählt. Das Alte Testament in der Literatur, Stuttgart 2005, S. 41–64; Herbert Vinçon (Hg.), Spuren des Wortes. Biblische Stoffe in der Literatur. Materialien für Predigt, Religionsunterricht und Erwachsenenbildung, Bd. III, Altes Testament, Stuttgart 1990, S. 279–284.

3.3.3. Unterricht

Die Josephsgeschichte kann in eine Einheit „Christliche Anthropologie" oder „Die Frage nach Gott" in der Sekundarstufe II eingebunden werden *(Ute Hiddemann/Franz Waldherr)*. Sie wird in der Regel aber schon im 2. Grundschuljahr unterrichtet *(Elisabeth Buck; Hans Freudenberg)*.

3.3.3.1. Der eigene Ort in der Geschichte

Das jüngste Kind war immer jüngstes Kind. Es kennt keine Lebensphase ohne mindestens zwei ältere Geschwister. Die Erfahrungen des jüngsten Kindes sind zumeist ambivalent; der besonderen Beachtung, Wertschätzung und Liebe der Eltern stehen nicht selten Neidgefühle der älteren Geschwister gegenüber. Der Vorsprung der älteren kann dem jüngsten Kind zum Ansporn werden, die Geschwister zu übertreffen, der Vorsprung kann das jüngste Kind aber ebenso – unter dem Eindruck ständiger Fehlschläge – zurückschrecken lassen, überhaupt Anstrengungen zu unternehmen.

Ein erster Schritt im Unterricht soll wieder, nun zum dritten Mal, dem eigenen Ort in der Geschwisterreihe und in der Geschichte gelten. Joseph begegnet der Schülerin oder dem Schüler direkt, wenn sie oder er jüngstes Kind ist, indirekt über einen der Brüder Josephs, wenn sie oder er nicht jüngstes Kind ist. Noch einmal die Einstiegsfrage:

Jakob & Lea/Rahel

Ruben
Simeon
Levi
Juda
Dan
Naftali
Gad
Asser
Isaschar
Sebulon
Joseph
Benjamin

3.3.3.2. Mit Joseph auf dem Weg

In der Grundschule bietet sich ein Erzählweg an. (An dieser Stelle geht ein herzlicher Dank an *Brunhilde Meyer*, Grundschule Flegessen, für wichtige Hinweise.) Während die Schülerinnen und Schüler einzelne Stationen dieses Weges gestalten, können sie das Erleben und Verhalten Josephs (Was fühlt er? Was denkt er? Was tut er? – Was wünscht sich Joseph, was sind seine Ziele?) genauer wahrnehmen und mit eigenem Erleben und Verhalten vergleichen. Der Weg Josephs kann den Schülerinnen und Schülern alternative Wege in ihrer eigenen Geschwisterkonstellation anbieten. Ein möglicher Weg mit Joseph:

Station	Thema	Bibeltext	Unterrichts-geschehen
1	Der eigene Ort in der Geschichte	Gen 29,31–30,24; 35,16-20	Die Lehrerin oder der Lehrer (L.) erzählt von Jakob und seinen zwölf Söhnen. Eine Tuchlandschaft wird gestaltet. Die Familienmitglieder der Jakobsfamilie werden aus Papier hergestellt und so in die Tuchlandschaft gesetzt, dass ihr Ort im Stammbaum deutlich wird.
2	Joseph, der Liebling des Vaters	Gen 37,2–4	L. erzählt von Josephs Rolle in der Familie. In Dreiergruppen stellen die Schülerinnen und Schüler (Sch.) die Szene auf dem Feld dar (zwei Brüder und Joseph in seinem Festgewand). Die Gruppen stellen die Bilder vor, lassen die Figuren in verteilten Rollen sprechen. Die Figuren werden entsprechend der Szene verändert in die Tuchlandschaft eingesetzt.

Station	Thema	Bibeltext	Unterrichts-geschehen
3	Josephs Träume	Gen 37,5–11	L. erzählt von den Träumen Josephs. Sch. stellen die Träume pantomimisch dar, anschließend sprechen L. und Sch. über die Gefühle Josephs und seiner Brüder. Kennen Sch. ähnliche Gefühle? Die Träume können bildnerisch gestaltet werden.
4	Joseph in der Zisterne	Gen 37,12–24	L. erzählt vom Plan der Brüder und wie sie Joseph schließlich in die Zisterne werfen. Sch. stellen die Szene in Standbildern dar. L. und Sch. sprechen über die Gefühle Josephs und seiner Brüder. Sch. formulieren ein Gebet Josephs. Die Tuchlandschaft wird entsprechend umgestaltet.
5	Joseph wird als Sklave verkauft	Gen 37,25–36; 39,1-6	L. erzählt vom Verkauf Josephs mit akustischer Untermalung (Tamborin, Schellen, Glocke). Sch. spielen den Zug der midianitischen Kaufleute.
6	Joseph kommt ins Gefängnis	Gen 39,7–20	L. erzählt, wie Joseph ins Gefängnis kommt. Sch. gestalten ein Gewand, das Joseph im Gefängnis tragen muss. Sch. formulieren ein Gebet Josephs.

148

Station	Thema	Bibeltext	Unterrichts-geschehen
7	Joseph beim Pharao	Gen 40–41 in Auswahl	L. erzählt, wie Joseph zum Pharao kommt, wie er zum Stellvertreter des Pharaos wird und Ägypten rettet. Sch. stellen aus Ton kleine Krüge und Schalen her. Die Tongefäße werden in die Tuchlandschaft gesetzt.
8	Joseph begegnet seinen Brüdern	Gen 42–49 in Auswahl	L. erzählt die Geschichte bis zur Begegnung der Brüder – Unterbrechung. Sch. stellen Fingerpüppchen her und spielen die Geschichte. Was denkt Joseph? Was will er tun? L. erzählt die Geschichte weiter. L. und Sch. sprechen über Erfahrungen der Sch.
9	Versöhnung zwischen Joseph und seinen Brüdern	Gen 50,15–21	L. erzählt das Ende der Geschichte. Sch. stellen ein „Umarmungspüppchen" (*Elisabeth Buck*, S. 90f) her und setzen es anschließend in die Tuchlandschaft. Sch. formulieren ein Gebet Josephs.

3.3.3.3. Mit Joseph beten

Bitte und Dank Josephs im Gebet zu formulieren, hilft den Schülerinnen und Schülern, eigene Erfahrungen genauer wahrzunehmen und in Sprache bringen zu können. Wenn sie sich mit Joseph auf den Weg begeben, sollten sie an verschiedenen Stationen (oben 4,6,9) Gebete Josephs verfassen; eine möglicherweise erkannte Zielkorrektur und eine möglicherweise erkannte Handlungsalternative (z.B.: Der Wunsch Josephs, sich an den Brüdern zu rächen, wandelt sich in die Sehnsucht nach Versöhnung.) können in den sich verändernden Gebeten deutlich werden.

Literatur:

Horst Klaus Berg, Altes Testament unterrichten: neunundzwanzig Unterrichtsvorschläge, München/Stuttgart 1999, S. 87–94 („Joseph lernt von Gott" [2. Klasse]); Elisabeth Buck, Bewegter Religionsunterricht. Theoretische Grundlagen und 45 kreative Unterrichtsentwürfe für die Grundschule, Göttingen [2]1999, S. 81–93 („Josef und seine Brüder" [2. Jahrgangsstufe]); Bernhard Denning u.a., Bevorzugt und benachteiligt: Geschwistergeschichten, in: Eckhart Marggraf/Martin Polster (Hg.), Unterrichtsideen Religion. 6. Schuljahr. Arbeitshilfen für den Evangelischen Religionsunterricht in Hauptschule, Realschule und Gymnasium, Stuttgart 1997, S. 52–71; Hans Freudenberg (Hg.), Religionsunterricht praktisch. Unterrichtsentwürfe und Arbeitshilfen für die Grundschule. 2. Schuljahr, Göttingen [6]1999, S. 95–124 („Josef: Israel erzählt von Josefs Weg"); Ute Hiddemann/Franz Waldherr, Joseph. Eine Chance für Träumer, Religion betrifft uns 3/1996 (Sekundarstufe II).

V. DIE GESCHWISTERBILDER

„Immer ist die Kunst neben Religion und Wissenschaft die Helferin und Befreierin auf dem Wege der Menschheit gewesen. Sie befreit durch die Form die vielen Zwiespältigkeiten des Lebens und lässt uns manchmal hinter den dunklen Vorhang blicken, der die unsichtbaren Räume verhüllt, in denen wir vereint einst sein werden."

Max Beckmann am 6. Juni 1950
(zitiert nach *Stephan Lackner*, S. 36)

Am Schluss sollen Informationen zu den Abbildungen in diesem Band gegeben werden. Ein herzlicher Dank geht an dieser Stelle an *Inka Bertz* (Jüdisches Museum Berlin), *Christine* und *Jochen Mönch* (Galerie Mönch, Bremen) sowie *Peter Pürer* (Sprengel Museum Hannover).

1. Die Rembrandtzeichnungen

- Abb. 1 (S. 42): *Kain erschlägt Abel,* Federzeichnung, 16,9 × 24,7 cm, um 1650, Kopenhagen, Kobberstiksamling (Quelle: www.uni-leipzig.de).
- Abb. 4 (S. 80): *Esau verkauft sein Erstgeburtsrecht an Jakob für ein Linsengericht,* Feder- und Pinselzeichnung, 20 × 17,3 cm, um 1648–1650, London, British Museum (Quelle: www.uni-leipzig.de).
- Abb. 5 (S. 96): *Jesus im Haus von Marta und Maria,* Federzeichnung, 16 × 19 cm, um 1632/33, Haarlem, Tayler's Museum (Quelle: www.uni-leipzig.de).

Der holländische Maler und Radierer *Rembrandt,* eigentlich *Rembrandt Harmensz van Rijn,* wurde am 15. Juli 1606 in Leyden geboren und starb am 4. Oktober 1669 in Amsterdam.

Der Künstler gilt als eine der stärksten und vielseitigsten Erscheinungen des protestantischen holländischen Nordens im 17. Jahrhundert und als Vorbild mit eigener Werkstatt für Schüler und Nachfolger. Selbst Maler mit abgeschlossener Ausbildung eigneten sich seinen Stil an.

„Die Werkstattpraxis war zu *Rembrandts* Lebzeiten nach den Regeln der Zunft ausgerichtet, und es war Ziel der Schüler, sich so sehr an den Werken des Meisters zu schulen, dass eine Verwechslung ihrer Bilder mit denen des Meisters möglich wäre" (*Thea Vignau–Wilberg,* S. 20).

Daher können bei den Werken oft Zweifel bestehen, ob der Meister selbst sie geschaffen hat. Wie im malerischen Werk, nehmen bei *Rembrandt* auch im zeichnerischen Werk biblische Themen den bedeutendsten Platz ein. Besonders alttestamentliche Themen spielen in der niederländischen Kunst des 17. Jahrhunderts eine verhältnismäßig große Rolle. Der Grund hierfür lag wohl darin, dass sich die junge Republik mit Amsterdam als bedeutendster Stadt erfolgreich der spanischen Herrschaft widersetzt hatte und im Kampf des kleinen Volkes Israel für Glaube und Freiheit gewisse Parallelen sah.

Rembrandt vergegenwärtigte mit seiner Vorstellungskraft beim Lesen die betreffende Bibelstelle, wie die Ereignisse stattgefunden haben könnten, und malte sich vor seinem geistigen Auge aus, wie einzelne Personen reagiert haben könnten. Die Darstellung der Interaktionen und Emotionen der Menschen, von Handlungen, die sie auslösen, war sein Anliegen. Er zeichnete sich aus durch ein schweres und mühsames Ringen und sehendes Erfassen der Realität und des Seins schlechthin (*Otto Pächt,* S. 135).

Zur Zeichnung *Kain erschlägt Abel:* Es handelt sich um eine Handfederzeichnung, wohl um eine Studie. Handfederzeichnungen haben seit dem 15. Jahrhundert einen eigenen selbständigen künstlerischen Wert und besitzen bildmäßigen Charakter. In der Ausführung zeigt die Zeichnung eine gewisse Zeitlosigkeit und Modernität. Das Blatt ist relativ klein; es ist am unteren Bildrand signiert, aber nicht datiert (*Rembrandt* hat seine Zeichnungen fast nie signiert; sie waren überwiegend nicht zum Verkauf bestimmt). Auf den ersten Blick erscheinen dem Betrachter zwei fast unbekleidete Körper in heftiger Aktion – in Renaissance und Barock nutzte man das Kain-und-Abel-Motiv, um eine solche Szene darstellen zu können. Die Kain-und-Abel-Szene spielt auf wahrscheinlich steinernem Boden. Bei näherem Hinsehen offenbart sich dem Betrachter im Vordergrund der Augenblick, bevor Kain seinen Bruder Abel erschlägt. In sehr drastischer Weise wird Kain gezeigt, den Bruder im Würgegriff haltend und den rechten Arm zum Todesschlag erhoben. Nur angedeutet, am mittleren oberen Bildrand, wird die Szene von Gott nachdenklich, den Kopf auf die rechte Hand gelegt und den Arm aufgestützt, beobachtet. Kains Tat bleibt nicht verborgen. Auch die mittlere rechte Bildhälfte ist durch Zeichnung gestaltet. Hier ist wohl das Goldene Kalb abgebildet, Symbol für das Geld und damit für irdische, vergängliche Schätze, Urbeispiel des Verstoßes gegen das Gottesgebot. Direkt daneben ist, nicht ganz vollständig und wohl von der Rückseite her gesehen, die Stiftshütte, die Mose auf göttliche Weisung hin (Ex 25,40) mit genauem Plan (Ex 33,7) erbaute, dargestellt. Sie diente als Zeichen des Bundes und als Stätte Jahwes. So wird offensichtlich der Gegensatz von gut und böse symbolisch aufgenommen und inhaltlich vertieft. Die beiden Brüder, im Vordergrund, sind als Figuren aus dem Volk dargestellt, ausdrucksstark sind ihre Gesichter, auch die Haltung der Körper. Der Vergleich zeigt die in jüdisch-christlicher Tradition stehende Auslegung des Bildinhaltes: Abels Gesichtszüge sind sehr viel edler und feiner als die seines Bruders. Kain wird grobschlächtig, mit kalten Augen vor der Ausführung des Todesschlages seinen Bruder nicht anblickend, dargestellt. Kain steht für die bösen, Abel für die gerechten Werke (Weisheit 10,1–3; 1Joh 3,11f; Hebr 11,4 – vgl. oben S. 64ff).

Die auch wieder relativ kleine Zeichnung *Esau verkauft sein Erstgeburtsrecht an Jakob für ein Linsengericht* zeigt den Moment, in dem der Handel zwischen Esau und Jakob durch den Handschlag besiegelt wird. Jakob sitzt an einem gedeckten Tisch, das Linsengericht mit der linken Hand haltend. Esau steht ihm gegenüber, gekleidet in einer für das 17. Jahrhundert zeitgenössischen Tracht des Jägers, einen Köcher mit Pfeilen auf dem Rücken. Er stützt sich auf seinen Bogen, während er Jakob die Hand entgegenstreckt. Seine Knie sind leicht eingeknickt. Die Gestalt Esaus wirkt ermüdet. Sein Gesicht ist im Profil dargestellt, nicht sehr deutlich, doch ist die Unähnlichkeit zu seinem Bruder zu erkennen. Jakobs Gesicht hingegen ist für den Betrachter genau zu sehen. Er blickt seinen Bruder fragend an. Man könnte fast meinen, die stumme Frage „Willst du wirklich?" stünde zwischen den beiden. Die Darstellung lässt eine Rivalität zwischen den Brüdern, sonst häufiges Motiv, nicht erkennen. Dennoch wird auch hier die Unterschiedlichkeit der beiden Brüder, Esau der grobere, rauhe, rothaarige, Jakob viel feiner im Ausdruck, herausgearbeitet. Möglicherweise beinhaltet die Szene, ganz sacht vorweggenommen, die spätere Versöhnung der beiden Brüder.

Das kleinste, jedoch nicht minder ausdrucksstarke Blatt zeigt *Jesus im Haus von Marta und Maria* in dem Moment, als Marta Jesus bittet, er möge Maria zur Mitarbeit auffordern, und ihre Bitte abgelehnt wird. Jesus sitzt in der Mitte des Raumes an einem mit einem Tuch bedeckten Tisch, Maria, links im Bild, anblickend und die Hand erklärend erhoben. Die drei Figuren befinden sich in einem durch wenige Schraffuren angedeuteten Raum, vielleicht einer Küche; links im Hintergrund, Marta zugeordnet, ist ein Obst- oder Gemüsekorb zu sehen. Die beiden Frauen sind in zeitgenössischer Tracht als Bürgersfrauen (Marta mit dem typischen Attribut der Schürze) abgebildet. Maria sitzt neben Jesus auf einem Stuhl, den rechten Arm auf eine Lehne gestützt und in ihrer linken Hand ein geschlossenes Buch (die Thora) haltend. Durch die Attribute und die Körperhaltungen stehen Marta und Maria für die „vita activa" und die „vita contemplativa"; letztere wurde in der christlichen Tradition höher eingestuft. Deutlich wird dies auch in den Gesichtern. Marta, die zwar nur im Profil zu sehen ist, wirkt „matronenhaft", während man das frontal abgebildete, herzförmige Gesicht ihrer Schwester fast lieblich nennen möchte. Dennoch wird in diesem Gesicht auf subtile Weise eine gewisse Rivalität ihrer Schwester gegenüber gezeigt. Fast geringschätzig blickt sie zu ihrer Schwester Marta hinüber. Unterstrichen wird dies durch ihren spitz aufgesetzten Fuß, der rechts unten im Bild zu sehen ist. Marta wirkt dagegen in der leicht nach vorn gebeugten Haltung, den parallel nebeneinander angeordneten Füßen und dem derben Schuhwerk etwas unbeholfen, aber ehrlich. Im Gesicht der Maria, die auch wesentlich jünger dargestellt ist, spiegelt sich eine Mischung aus Bestätigung (durch Jesus) und einer gewissen Überheblichkeit ihrer Schwester gegenüber, so, als habe sie etwas erreicht, das ihr vorher nicht gelungen ist. Die vorhandene Spannung zwischen den Schwestern lässt sich auf diesem Blatt nicht nur erahnen.

2. Lucas van Leyden,
Die Brüder zeigen Jakob den blutigen Mantel

Abb. 7 (S. 128): *Lucas van Leyden,* Die Brüder zeigen Jakob den blutigen Mantel, Kupferstich, 21 × 15 cm, 1517–1518, London, British Museum (Quelle: www.uni-leipzig.de).

Lucas van Leyden wurde 1494 in Leyden geboren und starb ebendort 1533. Sein Schaffen fiel in den Beginn der Neuzeit (Renaissance), die Zeit des Erblühens der graphischen Künste. So liegt denn auch eine der Hauptleistungen *van Leydens* auf dem Gebiet des Kupferstiches. Er war einer der bedeutendsten Vertreter dieser Technik in den Niederlanden der ersten Hälfte des 16. Jahrhunderts. *Lucas van Leyden* gilt als ein Künstler mit einer erstaunlichen frühen

Begabung. Sogar *Rembrandt* griff später auf ihn zurück. Im Verlauf seines Schaffens geriet er unter den Einfluss *Albrecht Dürers,* mit dem er 1521 in Antwerpen zusammentraf und der ein großes Vorbild für ihn wurde. *Van Leyden* besaß die Fähigkeit, Charaktere und seelische Reaktionen sehr eindringlich darzustellen.

Bei dem vorliegenden Blatt handelt es sich um einen Kupferstich, ein Tiefdruckverfahren (im Gegensatz zum Holzschnitt, einem Hochdruckverfahren), das künstlerisch die Möglichkeit einer größeren Feinheit in der Zeichnung, damit verbunden einer Bereicherung des Details, der Abtönung unterschiedlicher Farbstärken und des Erreichens von Schattenwirkungen bietet.

Die nah an den Betrachter gerückte Szene ist für die erste Hälfte des 16. Jahrhunderts zeitgenössisch dargestellt. Sie zeigt den Moment, kurz nachdem Jakob der Mantel Josephs gezeigt wird. Bemerkenswert ist, dass der Mantel keine Spuren eines Kampfes mit einem „reißenden Tier" (Gen 37,33) aufweist. Der Mantel wird nicht, wie häufig dargestellt, von allen Brüdern überbracht, sondern nur von Ruben, dem ältesten, der durch den Stab gekennzeichnet wird. Jakob sitzt auf einer natürlichen Bank, auf einen Pfahl gestützt, die Hand betroffen an den Hals gelegt. Ihm, als einer der wichtigsten Figuren des Alten Testaments und als Stammvater der zwölf Stämme Israels, sind Baum und Haus zugeordnet. Im Hintergrund sieht man eine weiträumige Landschaft, am Himmel zehn Vögel, die als Symbol für die anderen Brüder gedeutet werden können (der jüngste Bruder, Benjamin, war zu diesem Zeitpunkt wohl noch nicht geboren). Die Gesichter der beiden Figuren sind eher ausdrucksstark als schön, ein typisches Merkmal der niederländischen Kunst dieser Zeit. Jakob blickt schockiert, ein wenig gebrochen und fast schon trauernd ins Leere. Auch das Gesicht des Sohnes wirkt schockiert, auch betroffen, und es scheint, so wie er den Mantel leicht senkt, als schäme er sich. Die Atmosphäre der Szene deutet an, dass die Lüge und der Betrug unsichtbar zwischen Vater und Sohn in der Luft liegt. Das Gesicht und die Haltung

Rubens spiegeln eine Ahnung davon, dass Jakob die Lüge bemerkt. Der Stab Rubens könnte auch dem Mantel Josephs zugeordnet werden und erhielte dann eine andere Bedeutung. Moses erhielt von Gott einen Stab, mit dem er die Wunder zur Rettung seines Volkes vollbrachte (Ex 4). Mantel und Stab könnten auf den bevorstehenden Aufstieg Josephs in Ägypten hinweisen; die Unversehrtheit des Mantels könnte hierin begründet sein. Ebenso ließen sich dann die symbolhaft als Vögel dargestellten Brüder deuten, die zu ihrem Bruder nach Ägypten fortziehen müssen. Es ergeben sich neben der eindringlich dargestellten Szene zwischen Vater und Sohn einige Hinweise auf den Fortgang der Geschichte. Die Darstellung zeigt sich in vielen Teilen renaissancetypisch. Obgleich ein religiöses Thema abgebildet ist, wird der irdische Mensch inmitten seiner irdischen Wirklichkeit zum Hauptgegenstand der Darstellung.

3. Peter von Cornelius, Joseph gibt sich seinen Brüdern zu erkennen

Abb. 8 (S. 132): *Peter von Cornelius,* Joseph gibt sich seinen Brüdern zu erkennen, Fresko, 236 × 290 cm, 1816, Berlin, Nationalgalerie, © Bildarchiv Preußischer Kulturbesitz, Berlin.

Peter von Cornelius wurde am 23. September 1783 in Düsseldorf geboren und starb am 6. März 1867 in Berlin. Sein Schaffen fiel in die Zeit des 19. Jahrhunderts, in der sich, vom Klassizismus, einer Reaktion auf Barock und Rokoko, ausgehend, vielerlei Stilrichtungen entwickelten. *Cornelius* wurde Schüler an der Düsseldorfer Akademie, hielt sich von 1809–1811 in Frankfurt am Main, dann bis 1819 in Rom auf, wo auch das hier abgebildete Werk entstand. Er wurde Direktor verschiedener Akademien, zunächst 1821 in Düsseldorf, 1825 in München, schließlich 1841 in Berlin. Sein frühes Schaffen ist national betont und an altdeutsche Malerei angelehnt. In Rom schloss er sich der

Gruppe der Nazarener an. Die Nazarener waren eine Sondergruppierung der Romantik, die zwar seit etwa 1800 alle Gebiete geistigen Lebens erfasste, aber keinen eigenen Stil hervorbrachte. Der Romantik fehlte die nur ihr eigene Formenwelt, wie sie dem herrschenden Klassizismus innewohnte. Die Vertreter des Nazarenerkreises verstanden ihre Kunst als neu-deutsch-religiös und als Gegensatz zur „gefühlsleeren" Kunst der Akademien. Vorbilder waren unter anderem *Dürer, Michelangelo* und *Raffael.* Die Wiederaufnahme der Fresko-Technik war eine ihrer Leistungen – mit *Peter von Cornelius* als herausragendem Vertreter dieser Kunst. Sein Arbeitsfeld war vor allem das große Wandbild. Während die Nazarener eher eine stille Beschaulichkeit pflegten, sind die Werke *Cornelius'* von großer Spannung und Erregung geprägt. Sein idealistischer Geist ergoss sich in groß gesehenen, dramatischen Kompositionen.

Bei der hier vorgestellten Abbildung handelt es sich um eine Wandmalerei in der Fresko–Technik. Dabei wird die Malerei auf eine mit frischem Kalkbewurf versehene Wand aufgebracht. Die Farben sind in Kalkwasser angeriebene Pigmente, die auf den frischen Kalkputz gebracht werden und danach mit dem Untergrund unlöslich verbunden bleiben, was ein späteres Abblättern der Farben verhindert. Auf den ersten Blick sieht man zahlreiche Figuren, die in heftiger Bewegung nah an den Betrachter gerückt sind. Sie befinden sich innerhalb einer raumillusionistisch dargestellten, antikisierenden Architektur. *Peter von Cornelius* lässt den Hintergrund mit den Arkaden sehr tief erscheinen und erschafft so den Eindruck von Weite im klassizistischen Stil, dem die Figuren mit ihren starken Bewegungen und dramatischen Gesten entgegengesetzt sind. Die Hauptfigur, Joseph, links auf der Darstellung, scheint eben vom Thron aufgesprungen zu sein, um seinen jüngsten Bruder Benjamin, der ihn liebevoll anschaut, innigst zu umarmen. Die sitzende Figur am linken Bildrand, der Pharao, blickt dagegen sehr ruhig und beobachtend. Die Brüdergruppe auf der rechten Seite der Szene ist in unterschiedlichen Gewändern dargestellt, möglicherweise ein

Hinweis auf die zwölf Stämme. Ebenso unterschiedlich stellt der Künstler die Reaktionen der Brüder auf die Versöhnung dar. Fast alle möglichen Gefühlsregungen, die nach der vorausgegangenen Geschichte möglich sind, sind abgebildet. Bemerkenswert scheint, dass die rechte Gruppe der Brüder eher Zeichen des Unbehagens in Gestik und Mimik ausdrücken. In der linken Gruppe dagegen sieht der Betrachter eher Bedauern, Schuldgefühl und Besinnung, im Handkuss des vor Joseph knienden Bruders vielleicht die Bitte um Vergebung. Sehr deutlich stellt *Peter von Cornelius* die unterschiedliche Herkunft der Brüder dar. Die Söhne Leas werden kräftig-muskulös und meist bärtig gezeigt. Joseph und Benjamin, die Söhne Rahels, hingegen sind von weicher, heller, schöner Physiognomie, und Benjamin trägt mädchenhafte, fast engelgleiche Züge. Die Darstellung zeigt sich in freskotypischen Pastelltönen verschiedenster Abstufungen. Die Farben in Josephs Gewand wiederholen sich in den Gewändern seiner Brüder. *Peter von Cornelius* drückt hier die romantische Sehnsucht eines bürgerlichen Zeitalters nach „Heroischem" aus. Dabei bedient er sich klassizistischer Formen, die selbst schon antikisch–heroisches Ewigkeitspathos haben. In seinem Schaffen ist klassizistische Form romantischem Empfinden und groß gesehener, leidenschaftlich dramatischer Gestaltung unterworfen, so dass klassische Form und romantische Gesinnung verschmelzen.

4. Max Beckmann, Der verlorene Sohn

Abb. 2 (S. 52): *Max Beckmann,* Der verlorene Sohn, 1949, Öl auf Leinwand, 100 × 120 cm, Sprengel Museum Hannover. © VG-Bild-Kunst, Bonn.

Der Maler und Graphiker *Max Beckmann* wurde am 12. Februar 1884 in Leipzig geboren und starb am 27. Dezember 1950 in New York.

Beckmann studierte in Weimar und Berlin. Hier schloss er sich einer Gruppe an, die sich von bestehenden Künstlerverbänden losgelöst hatte, der sogenannten „Berliner Sezession". Während des ersten Weltkrieges war er freiwilliger Sanitäter in Ostpreußen und Flandern; in dieser Zeit vollzog sich seine Wandlung von impressionistisch zu expressionistisch inspirierter Darstellungsweise. Von den Nationalsozialisten verfemt und als entartet eingestuft, ging *Beckmann* 1937 nach Amsterdam in die Emigration und siedelte schließlich 1947 nach Amerika über. Von dort kehrte er nicht wieder nach Deutschland zurück.

Max Beckmann gilt als Vertreter des deutschen Expressionismus, wird aber immer wieder als Einzelphänomen hervorgehoben. Hauptanliegen des Expressionismus war es, persönliche Sehnsüchte, Ängste, auch Ekstasen, auszudrücken. Der Expressionismus suchte nach Symbolen als Reaktion auf Impressionismus, Naturalismus und Akademismus. Er gestaltete seelische Befindlichkeiten und Zustände (angeregt z.B. durch *Freud* und *Jung*) mit neuen künstlerischen Ausdrucksmitteln. Charakteristisch für *Beckmann* sind dichtgedrängte, kontrastreiche, in sich sehr geschlossene Figurenkompositionen, die expressionistische Elemente aufnehmen.

Zu Beckmanns Gemälde *Der verlorene Sohn: Beckmann* zeigt auf diesem 1949, also ein Jahr vor seinem Tod, entstandenen Gemälde den verlorenen Sohn in einer offensichtlichen Bordellszene. Es handelt sich um ein sehr vielschichtiges Werk. Die vier im Original (bei *Stephan Lackner* als Farbtafel Nr. 43 abgedruckt) stark farbigen Figuren sind in zeitgenössischer Kleidung dargestellt. Mit schwarzer Schirmmütze und einer rot-schwarz karierten Jacke sitzt die Hauptfigur mit drei weiblichen Figuren, den „Prostituierten", um einen Tisch. Den Kopf hat er in beide Hände gestützt. Auf seinem elend wirkenden Gesicht liegt ein resigniert sinnender Ausdruck. Die drei ihn umgebenden Figuren sind offensichtlich von unterschiedlicher Nationalität. Hinter dem verlorenen Sohn sieht man drei Blüten (als Pflanzensymbol ein Zeichen für erwachendes

Leben), wahrscheinlich Tulpen (die Forschung ist sich nicht einig; manche meinen, es seien Lilien). Die Dreizahl der Tulpen nimmt die Dreizahl der weiblichen Figuren auf. Die heilige Zahl, Inbegriff der Ordnung, bedeutet die Überwindung der Entzweiung und könnte so als Hinweis auf die später folgende Versöhnung von Vater und zurückgekehrtem Sohn gedeutet werden. Im linken oberen Bildviertel, im Fensterausblick, fällt ein rosa Streifen auf, vielleicht ebenso ein Hinweis auf die Versöhnung (sozusagen der „Lichtstrahl am Horizont"). Der verlorene Sohn wird von der blonden weiblichen Figur neben ihm umarmt. Ihr Gesicht ist von unten her in einem Grünton abgedunkelt; sie sieht ihn nicht an und wirkt fast ein wenig mitleidig. Die dunkelhäutige Figur links stellt *Beckmann* statuenhaft dar, und sie wirkt fast majestätisch, so, wie sie über die Szene blickt, in der Hand ein kelchförmiges grünes Glas haltend, das sie vielleicht gerade geleert hat. Als einzige, die lächelt, zeigt sich dem Betrachter die rechte weibliche Figur im kräftig blauen Kleid. Bei der Betrachtung *Beckmannscher* Bilder sollte man beachten, dass der Künstler immer sehr stark versuchte, sich in die Zwiespältigkeit des Menschen, in die Gegensätze von gut und böse, hell und dunkel, Leben und Tod, vor allem Ego und alter Ego einzufühlen. Auch seine Beziehung zum Weiblichen hatte diesen zwiespältigen Charakter.

Auf den ersten Blick handelt es sich also um eine Szene in einem Bordell; die linke Figur mag man sich als dessen Besitzerin denken, die das Geschäft zu besiegeln versucht. Doch weiß man, dass *Beckmann* sich eingehend mit den Weltreligionen, mit Mythologien, Philosophien, auch mit Geheimlehren wie der Gnosis, beschäftigte. Eine sehr einfache Auslegung lassen schon der Symbolgehalt, die Ausdrucksform, ebenso die Farbgestaltung nicht zu. In der Beckmannliteratur finden sich unterschiedliche Deutungen der drei weiblichen Figuren (die nicht immer befriedigen, aber doch zum Nachdenken anregen können) als griechische Göttinnen oder der linken und hinteren Figur als die zweigestaltige Göttin Kali, als Mutter- und Todesgöttin. Bleibt man dennoch bei der einfachen Auslegung, wird mindestens die Übermacht des Weiblichen deutlich. Dieser Weiblichkeit sind vielleicht die beiden Masken rechts als Ausdeutung für das Männliche (Göttliche?) gegenüber gestellt. In jedem Fall wird das Dilemma des verlorenen Sohnes, außerhalb der Heimat zu sein, das Erbe zu verprassen und sich all dessen auch noch bewusst zu werden, deutlich. Hier erscheint – wie oftmals in *Beckmanns* Werk – Sinnlichkeit mit Schuld gepaart (*Stephan Lackner,* S. 37). Er rückt seine Figuren ins Licht. Die Darstellung ist eher hart; *Beckmann* benutzt klare Formen. Seine Kunst zeigt Ausdruckskraft, Formenreinheit, Lebensnähe und Hintergründigkeit.

5. Jakob Steinhardt, Jakob und Esau

Abb. 6 (S. 71): *Jakob Steinhardt,* Jakob und Esau, Holzschnitt, 32,8 × 47,4 cm, 1950, © Jüdisches Museum Berlin.

Der jüdische Maler und Graphiker *Jakob Steinhardt* wurde am 24. Mai 1887 in Zerkov, Provinz Posen, geboren und starb am 11. Februar 1968 in Nahriya, Israel.

Ein Stipendium führte ihn 1907–1909 nach Berlin. Er wurde nach Abbruch erster Studien am Kunstgewerbemuseum Schüler von *Lovis Corinth.* Mit einigen Künstlerkollegen gründete er 1912 die Gruppe „Die Pathetiker", mit dem Ziel, Bildern große Inhalte zu geben: „Sie wollten eine Kunst schaffen, die Volk und Menschheit packen und nicht nur den ästhetischen Bedürfnissen einer kleinen Schicht dienen sollte" (Jüdisches Museum, Katalog, S. 18). *Steinhardt* nahm in Litauen am ersten Weltkrieg teil. Ebenso wie *Max Beckmann* wurde er Mitglied der Berliner „Sezession". 1933 emigrierte er mit seiner Familie nach Palästina. In den Jahren 1935–1939 wandte sich *Steinhardt* in seinem graphischen Werk fast vollständig dem Holzschnitt zu. Er gründete in Jerusalem eine Kunstschule und erhielt mehrere internationale Preise. Das Erleben der beiden Weltkriege sowie des israelischen Unabhängigkeitskrieges, des Sinai- und des Sechstagekrieges prägten sein Werk. In seiner Sehnsucht nach Frieden sah er sich in seinem künstlerischen Schaffen häufig als Mahner und Prophet. *Jakob Steinhardt* hatte einen großen Anteil an der Bewegung der Expressionisten und der neuen Sachlichkeit, einer Kunstform, in der alles Gegenständliche, scharf beobachtet, überdeutlich gezeichnet und modelliert wird, mit einem klar und fest angeordneten Bildaufbau. Er trug erheblich zum jüdischen und künstlerischen Leben in seiner Berliner Zeit bei. Zudem leistete er einen bedeutenden Beitrag zur modernen jüdischen und israelischen Kunst.

Zum Holzschnitt *Jakob und Esau:* Es handelt sich um einen Farbholzschnitt auf braunem Karton. *Steinhardt* erinnert sich:

„Der palästinische Winter ist die Zeit der Holzschnitte. In dieser graphischen Technik habe ich mehrere hundert Platten geschnitten. Es ist das Mittel, in der ich mich in der knappsten Form an stärksten ausdrücken kann" (Jüdisches Museum, Katalog, S. 20).

Auf der Abbildung sieht man die beiden Brüder Jakob und Esau in der Versöhnungsszene (Gen 33,4), sich innig umarmend, mit der Jakobsfigur im Vordergrund im Profil dargestellt. Das Werk fällt in die Schaffensphase *Steinhardts,* in der die Verwendung von Themen aus der Bibel in erster Linie, wenn auch nicht ausschließlich, inspiriert war. Es war die Zeit des Endes des Unabhängigkeitskrieges und der Unterzeichnung des Waffenstillstandsvertrages. Jakob steht hier als Symbol für die Juden und Esau mit seinen im Süden, jenseits des Jordans gelegenen Ländereien als Symbol für die Araber. *Steinhardt* hoffte, der Waffenstillstand und das Kriegsende würden zum Frieden führen. Somit hat die Darstellung zwei Bedeutungsebenen: zum einen die tatsächlicher Geschwister, zum anderen auch die verschwisterter Nationen (Jüdisches Museum, Katalog, S. 116f). Es lohnt sich jedoch, das Werk auch auf seinen Symbolgehalt hin näher zu betrachten.

Die beiden Figuren befinden sich zwischen zwei blauge-
tönten Felsen. Dieser Blauton wiederholt sich in dem
Übergewand der Jakobsfigur mit schwarzer Unterbekleidung. Die Esaufigur zeigt *Steinhardt* in grünem Gewand
mit roter Unterbekleidung. *Steinhardt* gibt dem Himmel
einen gelblich ockerfarbenen, den Wolken einen altrosa-
farbenen Ton. Bemerkenswert ist die stark verdichtete
Komposition, bei der Felsen und Wolken sehr nah an das
Brüderpaar gerückt sind. Sowohl der Fels als auch die
Wolken sind göttliche Symbole. Das Alte Testament kennt
den Stein als Gottes Haus (Gen 28,22), und in bildhafter
Weise erscheint Gott selbst als Felsgestein, in seiner Unver-
rückbarkeit ein Symbol für die heilige Mitte. Ebenso verhält es sich mit den Wolken. Sie verhüllen die Wohnstätte
Gottes und können Fluch und Segen bedeuten. Im Alten
Testament sind sie sichtbares Zeichen der Gegenwart
Gottes (Ex 16,10). Ganz dicht umgibt diese Gegenwart
Gottes das Geschwisterpaar. Eine Wolke ist direkt den
beiden Köpfen zugeordnet, so dass man sie als Segen Gottes deuten könnte. Ebenso weist die blaue Farbe der Felsen
auf die Anwesenheit Gottes hin, ihre Wiederholung im
Gewand des Jakob kann ein Hinweis auf Treue und Bestän-
digkeit sein. Das Schwarz der Unterbekleidung Jakobs ist
hier sicher positiv zu deuten, als Schutz, in dem der
Mensch regenerieren kann. Esaus grünes Obergewand
kann für die Hoffnung und das „Auf dem Wege-Sein"
gedeutet werden: „Ich aber werde bleiben wie ein grünen-
der Ölbaum im Hause Gottes [...]" (Ps 52,10). Das Rot des
Untergewandes kann als Symbol für Liebe und Leben
stehen, ist aber auch Symbol für Blut, Kampf und Tod. Es
ergibt sich ein Farbspiel blau über schwarz, grün über rot –
über das sich noch weiter nachsinnen ließe.

Steinhardts Hoffnung und sein Ruf nach Frieden sind in
diesem Werk in der friedlichen Umarmung der beiden Brüder sehr eindringlich dargestellt.

6. Eberhard Szejstecki, Kain und Abel

Abb. 3 (S. 71): *Eberhard Szejstecki*, Kain und Abel, Terracotta bemalt, Höhe 41 cm, 2005. © Foto: Jochen Mönch, Bremen.

Eberhard Szejstecki wurde 1958 in Gelsenkirchen geboren. Von 1984–1986 studierte er Graphik-Design an der Fachhochschule Münster, anschließend bis 1992 Bildhauerei an der Hochschule für Kunst in Bremen. Er wurde Meisterschüler bei *Waldemar Otto* und erhielt 1989 ein Stipendium der Stadt Gelsenkirchen. Neben Ausstellungen im öffentlichen Raum folgten zahlreiche Einzelausstellungen und Ausstellungsbeteiligungen. *Eberhard Szejstecki* ist Preisträger mehrerer Wettbewerbe.

Man hat hier ein Werk aus der Bildhauerkunst vor sich, eine relativ kleine Vollplastik – ein Bildwerk, das für sich gedacht werden kann und nicht an einen bestimmten Aufstellungsort gebunden ist. Den Gegensatz hierzu bilden monumentale Bildwerke, Freiplastiken, z.B. Statuen, die auf eine bestimmte Umgebung hin ausgerichtet sind, oder Bauplastiken, die in ein Bauwerk eingefügt sind. Ebenso wie das Bild durch den Rahmen von seiner Umgebung isoliert wird, so bedarf auch das Bildwerk einer Isolierung durch Sockel, Konsole und Postament.

„Die Arbeiten von *Eberhard Szejstecki* sind in mehrerer Hinsicht von poetischer Natur. Da ist einmal das Spektrum der eingesetzten Materialien – Bronze, Gips, Ton – und zum anderen die Zeichnung und die Farbe. Diese Vielfalt ist zuletzt auch Ausdruck einer künstlerischen Strategie, durch die sich die Arbeiten einer rein formalen, auf stilistische Äußerlichkeiten beruhenden Vereinnahmung entziehen, um die Aufmerksamkeit diskret auf den gedanklichen Kontext zu lenken. Es ist die subjektive Wahrnehmung der Dinge, die er hier thematisiert, und so gestaltet sich die Betrachtung seiner Skulpturen zur Anschauung visueller Mehrdeutigkeiten" (Galerie Mönch; www.moench-bremen.de).

Bei dem hier abgebildeten Werk handelt es sich um eine bemalte Terracotta–Vollplastik. Zu bemerken ist, dass die moderne Kunst die Bemalung zunächst nicht als Erhöhung (wie z.B. im Mittelalter), sondern als Beeinträchtigung eines Werkes ansah. Hier ist die Bemalung als zusätzlicher Wert zum Ausdruck des Werkes anzusehen. Die Terracottatechnik (gebrannte Tonerde) gehört zu den ältesten künstlerischen Techniken der Menschheit. In Griechenland stand zur Zeit der geometrischen Epoche (etwa 900–700 v.Chr.) eine reiche Tonindustrie in Blüte, die vor allem Weihgeschenke für Heiligtümer herstellte, zunächst kleinere Tiere, später auch menschliche Figuren, die auch im Haus aufgestellt wurden.

Betrachtet man *Eberhard Szejsteckis* Figuren zum ersten Mal, ohne ihren Titel zu kennen, so kommt man sicher nicht auf den Gedanken, dass es sich um eine Darstellung von Kain und Abel handelt. Man sieht zwei dem Betrachter frontal zugewandte „Knubbelmännchen", die einander friedlich umarmen und etwas fragend in die Welt schauen. Dass der Betrachter sofort eine Verbindung mit Kain und Abel herstellt, hat der Künstler scheinbar nicht beabsichtigt. Zwei archaisch anmutende Figuren sind zu sehen. Die größere Figur (Kain?) hat die linke Hand auf die Schulter der kleineren (Abel?) gelegt und hält den rechten Arm streng an der Seite, die Hand geöffnet nach unten weisend. Sie ist unbekleidet. Dagegen ist die kleinere Figur mit Hose und Schuhwerk bekleidet. Sie hält die linke Faust geballt. Beide Figuren stellt *Szejstecki* barhäuptig dar; Nase und Ohren werden dadurch betont. In ihrer Physiognomie ähneln sie sich. Für die Bemalung verwendet der Künstler weiße, schwarze und ockerfarbene (dem Rot zugehörige) Töne. Das Weiß, unter anderem die Lichtfarbe, scheint von oben her auf das Paar zu fließen. Die linke Figur nimmt das Schwarz der rechten nur in der aufgelegten Hand auf. So lässt das Paar, wie bereits angedeutet, Raum für vielerlei Assoziationen. Die Barhäuptigkeit kann an die heilige Rasur als Zeichen für die Unterwerfung unter die Gottheit denken lassen. Die Nacktheit der linken Figur kann als sakrale Nacktheit gesehen werden, die Entblößung als schutzloses Sich– Ausliefern, um höhere Mächte freundlich zu stimmen oder aber auch als das Abstreifen der Gewänder als Zeichen für das Abstreifen des alten Menschen. Sie kann in Malerei und Plastik auch abstrakt-allgemeine Ideen von Schönheit und Reinheit verkörpern. Durch die Frontalität und Barhäuptigkeit sieht man die Ohren der Figuren deutlich, Symbol für die Öffnung zum Gesprächspartner, hier vielleicht ein Zeichen für die Hoffnung des Menschen, dass Gott ihn hören kann (Ps 116,1f). Die fast schwarze rechte Figur, deren Hand zur Faust geballt ist, mag auch politische Assoziationen wecken – als ein Symbol der zu überwindenden Unterdrückung von Menschen. Schwarz kann als nichtbunte Farbe in Analogie zu weiß wie diese Farbe dem Absoluten entsprechen. Es kann sowohl die Fülle des Lebens als auch dessen Mangel ausdrücken. Das Weiß, als Summe aller Farben, mit dem beide Figuren bemalt sind, die linke mehr, die rechte weniger, kann die Fülle der Erfahrungen zeigen und Offenbarungsträger sein. Der in beiden Figuren aufgenommene Ockerton steht hier vielleicht für das Leben und die Liebe, als Symbol für das Menschliche.

Die beiden Brüder stehen einträchtig nebeneinander, das „Archaische" wirkt überzeitlich, gemeinsam blicken sie in dieselbe Richtung, so dass die Zweiheit zur Ganzheit wird. Der Gedanke, dass *Eberhard Szejstecki* mit seinem Werk eine Vision von der Versöhnung ausdrücken will, ist nicht fern. Auf scheinbar ganz einfache Weise zeigt er mit seinen künstlerischen Mitteln den Menschen mit seinen Schwächen und Nöten und mit seiner Hoffnung auf Überwindung der Zwistigkeiten, auf den darauf folgenden Frieden. Es ist ein mutiges Werk. Das mithin Grausamste, das Menschen sich antun können, der Geschwistermord, wird hier, vielleicht im Nachhinein gedacht, zur versöhnlichen Umarmung.

Die Geschwisterbilder von Künstlern verschiedener Jahrhunderte offenbaren unterschiedlichste Visionen: Zeitgemäße, sich dem zeitgenössischen Druck entziehende, politische, religiöse und natürlich künstlerische Visionen lassen sich erspüren. In den Werken *Jakob Steinhardts, Max*

Beckmanns und *Eberhard Szejsteckis* scheint aber eine Vision besonders hervorzutreten: die Vision von der Versöhnung mit der Hoffnung auf Frieden. Das eingangs zitierte *Beckmann*-Wort deutet eine solche Vision schon an. Die Kunst kann Helferin sein, die Prozesse der Versöhnung darzustellen. Sie kann anregen zum Nachdenken über den auf die Versöhnung folgenden Frieden zwischen Geschwistern, zwischen Menschen und Völkern, zwischen allen Lebewesen und nicht zuletzt über den vielleicht wichtigsten Frieden – den Frieden mit sich selbst.

Kathrin Osterhagen

Literatur:

Stephan Lackner, Max Beckmann, Köln 1979; Jüdisches Museum im Berlin Museum (Hg.), Jakob Steinhardt. Der Prophet. Ausstellungs- und Bestandskatalog Jüdisches Museum im Berlin Museum, Berlin 1995; Otto Pächt, Rembrandt, hg. von Edwin Lachnit, München 1991; Karl Simon, Art. Cornelius, Peter (Joseph), in: Allgemeines Lexikon der bildenden Künste von der Antike bis zur Gegenwart, Siebenter Band, Leipzig 1912, S. 432–438; Thea Vignau-Wilberg, Rembrandt auf Papier. Werk und Wirkung. Mit einem Beitrag von Peter Schatborn. Katalog zur Ausstellung der Staatlichen graphischen Sammlung München, Alte Pinakothek, 5.12.2001–10.2.2002; Museum het Rembrandthuis, Amsterdam, 7.9.2002–17.11.2002, München 2001; P. Wechser, Art. Leyden, Lucas Hugensz. van, in: Allgemeines Lexikon der bildenden Künste von der Antike bis zur Gegenwart, Dreiundzwanzigster Band, Leipzig 1929, S. 168–170.